校园文化对大学生价值观的影响

王秀慧　著

吉林出版集团股份有限公司

图书在版编目(CIP)数据

校园文化对大学生价值观的影响 / 王秀慧著. — 长春 : 吉林出版集团股份有限公司, 2018.7

ISBN 978-7-5581-5580-2

Ⅰ. ①校… Ⅱ. ①王… Ⅲ. ①大学生-思想政治教育-研究-中国 Ⅳ. ①G641

中国版本图书馆 CIP 数据核字(2018)第 171520 号

校园文化对大学生价值观的影响

XIAOYUAN WENHUA DUI DAXUESHENG JIAZHIGUAN DE YINGXIANG

作　　者: 王秀慧
责任编辑: 赫金玲
装帧设计: 中图时代
开　　本: 710 mm×1000 mm　1/16
印　　张: 10
字　　数: 200 千字
版　　次: 2018 年 7 月第 1 版
印　　次: 2021 年 3 月第 2 次印刷

出　　版: 吉林出版集团股份有限公司
发　　行: 吉林音像出版社有限责任公司
地　　址: 吉林省长春市南关区福祉大路 5788 号出版大厦 A 座 13 层
电　　话: 0431-81629679
印　　刷: 北京军迪印刷有限责任公司

ISBN 978-7-5581-5580-2　定价:　39.00 元

目　录

第一章　大学生核心价值观的问题提出

"一切从实际出发""理论与实践相结合""历史与逻辑相一致"是马克思主义"解释世界"和"改变世界"的基本方法论,也是我们提出"大学生核心价值观"这一问题的指导思想和方法论依据。坚持"一切从实际出发",就是在认识和把握任何事物时,都"不要从抽象的定义出发,而要从客观存在的事实出发,从分析这些事实中找出方针、政策、办法来",同样的,要想全面理解和把握"大学生核心价值观"问题,也不应首先给出一个"抽象的定义",而应从"客观存在的事实"出发,把握这一问题提出的现实基础。坚持"理论与实践相结合",就是在肯定实践之于人们认识改造世界的基础性地位的同时,不否认实践基础上的理论创造是革命变革的先导,用列宁的话说就是"没有革命的理论,就不会有革命的运动",这就要求我们在探讨"大学生核心价值观"提出问题时,始终汲取现有的理论研究成果和资源,坚持以正确的理论为指导,把握和阐释这一问题的科学性与合理性。坚持"历史与逻辑相一致",就是要破除黑格尔通过逻辑人格化、历史逻辑化以求得逻辑自洽的封闭式的理论魅影,使所有理论和实践问题不只是面向过去,更应始终面向未来、面向实践,在时代前进的步伐中把握问题的精神实质。同样,提出"大学生核心价值观"这一具有实践和理论双重属性的命题,也应始终坚持历史唯物主义的方法论立场,将之放置在当下的时代背景下予以透视把握。基于上述分析,我们认为"大学生核心价值观"是兼具现实性、理论性与时代性的综合命题,只有从现实、理论和时代三个维度同时共进,才能准确理解和把握这一问题。

第一节　大学生核心价值观是一个现实问题

如前述,"从客观存在的事实"出发,是马克思主义方法论的基本原则。这种"事实"主要是指"所谓最简单、最普通、最基本、最常见、最平凡的事实"。能不能从这种"事实"出发,植根于这种"事实"之中,反映这种"事实"的要求,是大学生核心价值观是否有必要提出以及如何提出的现实基础。正如"每一个时代占统治地位的思想"都"支配着精神生产资料"一样,大学生核心价值观作为社会精神生产的资料和产物,也必然受到我国社会“占统治地位的思想”的制约和支配,这种“思想”就是社会主义核心价值体系,所以考察大学生核心价值观提出的现实基础,就必须从社会主义核心价值体系建设出发。此外,也正如内因是事物发展的根据一样,当代大学生生产生活的境遇和价值观的现状、特征及困境,也是大学生核心价值观提出的内在根据,考察大学生核心价值观提出的现实基础,还必须从大学生生存生活的实际及其价值观现状出发。

一、社会核心价值体系要以社会中各群体的核心价值观为支撑

深化社会主义核心价值体系建设需要充分调动社会关键群体的积极性和主动性,使社会主义核心价值体系及时转化为他们的内在需要、自觉追求和外在行为规范。任何一种意识形态都是人们用以为某种政治制度辩护,以致为实现某种社会秩序提供的根据和方法,是那些可以成为政治、社会组织合法性根据和运作基础的观念系统。这种观念系统往往不是从社会不同群体中直接产生的,而是对在国家政治、经济、文化中都占据统治地位的阶级利益的集中反映;为实现自我利益最大化及统治地位的巩固,统治阶级往往“把自己的利益说成是社会全体成员的共同利益”“赋予自己的思想以普遍性的形式,把它们描绘成唯一合乎理性的、有普遍意义的思想”。为实现这一目的,统治阶级除了尽可能使“自己的思想”在内容、体系、逻辑上更趋严谨合理,还会通过各种方式将之转化为广大人民群众的自觉追求,并最大限度地使全社会围绕这些意识形态达成共识。在这一转化过程中,特别重视对那些在社会运行管理中扮演重要角色、肩负特定社会义务和权利的关键群体的教育引导。同样,社会主义核心价值体系是社会主义意识形态的本质体现,是兴国之魂和社会主义先进文化的精髓,决定着中国特色社会主义发展方向。充分发挥社会主义核心价值体系在社会主义现代化建设中的凝魂聚气、强基固本的作用,就必须要将社会主义核心价值体系融入国民教育、精神文明建设和党的建设全过程,贯穿改革开放和社会主义现代化建设各个领域。而要想实现这一点,就必须确保社会主义核心价值体系能够实现对关键机构、关键人群、关键场所的掌握和控制,只有这样才能使社会主义核心价值体系切实成为全社会的统一指导思想、共同理想信念、强大精神力量和基本道德规范。那么,在当代中国究竟有哪些关键机构、关键人群、关键场所呢?对此,北京大学潘维教授曾指出:“关键机构”包括关键的大学、政府机构、人文社科研究机构等,“关键人群”包括大都市居民、大学生、媒体从业者、青年白领等,“关键场所”则是指各种能集合人群的场所。这些关键机构、关键人群和关键场所因其所处的社会地位、所具有的社会辐射作用的特殊性

和重要性,而成为整个社会文化建设的中坚力量,成为社会主义核心价值体系融入国民教育、精神文明建设和党的建设全过程的优先战场和关键环节。正因如此,近年来党和国家及社会各界都格外重视以社会主义核心价值体系为统领,凝练培育关键群体的核心价值观。比如军队、警察和法官是社会结构有效运行的关键群体,与其他社会团体和组织相比,他们更需要坚强的团结,坚固的凝聚,坚定的信念。如 2008 年 12 月,胡锦涛同志对当代革命军人核心价值观作了深刻阐述,将其科学概括为“忠诚于党,热爱人民,报效国家,献身使命,崇尚荣誉”,这些当代革命军人核心价值观是对社会主义核心价值体系的本质贯彻和具体体现;2009 年 3 月,公安部在全国公安机关和广大公安民警中组织开展了“人民警察核心价值观”的大讨论活动,提出了“人民警察核心价值观”;2010 年 3 月,最高人民法院提出,共和国法官必须树立“公正、廉洁、为民”的核心价值观。

大学生是我国社会结构良性运行和健康发展的关键群体,也是社会主义核心价值体系需要着重掌握的重要对象。众所周知,青年是任何一个民族兴旺发达的希望所在和力量依托,青年思想素质、政治素养、价值取向在某种意义上决定着整个民族的前途和未来。对此,我们党的几代领导集体都曾有过比较充分的论述。毛泽东同志曾在《在莫斯科大学会见中国留学生时的讲话》中指出:“世界是你们的,也是我们的,但归根结底是你们的。你们青年人朝气蓬勃,正在兴旺时期,好像早晨八九点钟的太阳。希望寄托在你们身上。”邓小平《在全国科学大会开幕式上的讲话》则强调:“科学的未来在于青年。青年一代的成长,正是我们事业必定要兴旺发达的希望所在。”

在习近平总书记治国理政思想体系中,关于培育和践行社会主义核心价值观思想是一个重要方面。认真学习习近平总书记关于社会主义核心价值观的一系列重要论述,正确把握他关于培育和践行社会主义核心价值观的基本思路,对进一步推进新时期社会主义核心价值观建设、提升中国文化软实力、建设社会主义文化强国,具有十分重要的现实意义和深远的历史意义。

培育和践行社会主义核心价值观,是我们党立足推进中国特色社会主义伟大事业、实现中华民族伟大复兴中国梦的全局作出的重大决策。习近平同志在视察北京大学同师生座谈时指出:“我国是一个有着 13 亿多人口、56 个民族的大国,确立反映全国各族人民共同认同的价值观‘最大公约数’,使全体人民同心同德、团结奋进,关乎国家前途命运,关乎人民幸福安康”,为此他强调必须“把培育和弘扬社会主义核心价值观作为凝魂聚气、强基固本的基础工程”。

以“三个倡导”为主要内容的社会主义核心价值观是马克思主义道德价值理

论中国化的重要成果,积极培育和践行社会主义核心价值观,是用马克思主义中国化理论成果武装全党、教育人民的重要内容,是加强党的意识形态工作、推进社会主义精神文明建设的重要举措,尤其是在当前社会群体思想多样和价值多元的条件下,积极培育和践行社会主义核心价值观对促进国家主流价值观的形成和凝聚全党全国人民团结奋斗的共同思想基础具有重要作用。由此可见,大学生是社会结构中的关键群体,在经济社会发展中居于关键地位、发挥关键作用,是国家富强、民族复兴的希望,肩负着建设中国特色社会主义、实现中华民族伟大复兴的历史使命。

二、大学生的多样价值取向要以大学生核心价值观为引领

马克思主义认为世界在统一于物质性的基础上,也是一个多样性的存在,多样并存的事物之间总是会存在这样或那样的矛盾,其中占据主导地位的是诸多矛盾中的主要矛盾和矛盾的主要方面,主要矛盾决定认识改变事物的任务,矛盾的主要方面则决定事物的性质。同样,在社会主义市场经济体制下,毫无疑问,大学生价值观已经成为一种由多种价值观念构成的观念体系,在这一观念体系中理应产生能够主导大学生价值观健康发展,并决定大学生价值观性质的核心价值观。

加快构建和凝练大学生核心价值观,是引领和主导大学生多元多样价值观体系,确保社会主义核心价值体系能切实掌握大学生群体,培养社会主义合格建设者与可靠接班人的必然要求。当代大学生出生和成长于改革开放的火热历史进程之中,带有鲜明的历史特征。改革开放以来,我国逐步完成了以市场经济体制改革为核心的整体社会转型,这一转型不仅是一种社会组织形态上的量的变化,更是一种社会运行方式整体转变和过渡。随着这种社会转型的逐步完成,社会利益关系开始逐步打破过去那种“集体主义”一统天下的格局,而呈现日趋多样的发展态势。以此为基础,人们思想活动的选择性、独立性、差异性和多变性不断增强,多种所有制竞相发展的现实,使不同性质的价值观念相互并存,而市场经济的自主性原则又从根本上唤醒这种多样并存的价值观念内在的自主性追求,客观上催生了个人本位主义、极端个人主义和利己主义的价值观念。同时,“改革重构了利益分配的格局,打乱了原来的利益分配秩序,这是大学生价值观发生变化的直接动因。”市场经济的发展使大学生价值观逐步实现了从一元价值观向一元主导与多元并存的转化,从集体性的整体性的价值尺度向整体与个体相互融合的价值尺度转化,从理想性价值追求向理想追求与世俗安逸的转化,从精神性价值取向向精神提升与物质满足并重的价值取向转化。这种转化在有力激发大学生成长成才积极性和主动性

的同时,也在价值观层面催生了一些不符合甚至违背社会主义核心价值体系要求的问题和偏差。具体表现在三个方面:其一,个人主义的价值倾向不断增强,少数学生受西方存在主义、自由主义等错误思潮的影响,过分强调自我的个性张扬,错误地将"以人为本"绝对化、片面化,处处突出自我中心,形成了以个人主义为基本准绳的价值取向。其二,功利主义的价值追求不断增长,少数学生坚持实用主义的价值导向,将社会责任、家庭责任和道德责任简单划归为社会经济学的成本收益模式,过分看重金钱地位的物质生活,过分追求经济实惠。其三,虚无主义的价值隐患"可堪忧虑"。受西方各种虚无主义思潮的影响,再加上网络文化的冲击,少数大学生形成了历史虚无主义、文化虚无主义、道德虚无主义的错误价值观,嘲弄和贬损中国人民为争取民族独立和人民解放而进行的反帝反封建斗争,以及我国社会主义建设改革发展取得的伟大成就,无视和否定我国优秀传统文化和社会主义先进文化,质疑和拒斥社会主义优秀道德典型和伦理要求。这些问题和偏差并非孤立存在,而是相互联系、相互佐证,在某种程度上已构成了某些大学生的基本价值立场,如不加以引导和矫正,就可能会使一代大学生的价值判断失去科学性,进而制约和影响社会主义核心价值体系对当代大学生群体的有效掌握。可见,没有核心价值观,大学生就可能会在多元并存的价值选择中迷失方向,就可能产生这样那样的价值偏差,就无法成为社会主义合格建设者和可靠接班人,也无法真正实现自我的健康发展。

社会主义核心价值体系是一个涵盖了科学理论、价值追求和政治信仰在内的先进的意识形态体系,包括了"认知—解释"基础层面的要素、"价值—信仰"核心层面要素和"目标—策略"关键层面要素,在整个社会精神文化领域居于最高的"势位",具有极强的"传播势能"。这种"高势位""高势能"使社会主义核心价值体系必然会流向大学生群体,而这种先进性和系统性又使得社会主义核心价值体系向大学生群体的"流动"不会自发产生,亦即是说,大学生群体无法自发产生符合社会主义核心价值体系的价值观念,更无法自发将社会主义核心价值体系纳入到自身的价值观念建设中来,需要通过科学的中介和系统的教育。这就要求我们必须按照社会主义核心价值体系的本质要求,加紧凝练和培育大学生核心价值观,使之成为既反映社会主义核心价值体系的要求与贴近大学生成长成才实际需要的科学中介,成为深入开展社会主义核心价值体系学习教育的有效载体,以确保社会主义核心价值体系彻底掌握大学生群体。

总之,构建和凝练大学生核心价值观是深化社会主义核心价值体系建设,使社会主义核心价值体系成为全体大学生的理想信念和价值立场的客观需要,也是确保一代青年跟党走,促进大学生成长成才的题中之意。

第二节 大学生核心价值观是一个理论问题

如果说前文有关“现实基础”的讨论,旨在从现实维度回答大学生核心价值观“何以提出”的问题,那么,本部分则是从理论研究和学理逻辑维度阐释大学生核心价值观提出的理论资源和依据问题。从理论研究来看,从社会主义核心价值体系提出以来,大学生核心价值观开始成为思想政治教育理论研究的新的理论增长点。大学生核心价值观不是一个没有理论根据和指导思想的经验问题,而是一个有着深厚理论依据的理论命题。

一、大学生核心价值观提出的理论基础

马克思主义价值论、马克思主义社会有机体理论和马克思主义青年学说为大学生核心价值观提供了科学的理论依据。

首先,马克思主义价值论为大学生核心价值观的提出提供了价值意义上的理论依据,指明了大学生核心价值观产生的群体基础以及形成机理。

“马克思主义价值论是辩证唯物主义历史唯物主义有关价值及其意识的本质、规律的学说,马克思主义哲学基础理论的重要组成部分,与辩证唯物论、唯物辩证论、马克思主义认识论等相并列。”在马克思主义价值论的理论视野下,人们经常谈及的“价值观”(包括大学生核心价值观)实质上就是价值观念,这种价值观念不是一套理论或学说,而是人们有关价值现象、价值关系的总体取向和情感态度,属于价值意识的范畴,它与价值心理一起,都是价值意识的基本形式。价值观是人类一种特有的精神状态,是人们关于基本价值的信念、信仰和理想系统,它产生的基础和来源是“人们价值生活状况的反映和实践经验的凝结”,而它得以产生的首要因素就是“主体的定位和自我意识”。

按照马克思主义价值论的基本观点,大学生核心价值观的提出至少有两层依据。其一,任何一种群体都会有自己的核心价值观,大学生群体也应有自己的核心价值观。价值观归根到底是人们根据自身生存、生活、发展及享受的需要,在长期社会物质生产和精神生产的实践活动中所形成的关于价值的根本观点和根本看法,具有鲜明的主体性特征。所谓主体性是指任何一种价值观都归属于特定的主体,不存在无主体的、抽象的价值观;同时,任何一种价值观都与主体的社会存在、生活经历、内在需要紧密相关,不存在脱离主体现实的、具体的存在条件、生活经验

和需要体系的价值观；当两个或两个以上的主体的社会存在、生活经历和基本需要趋于一致或相同时，就会产生共同的价值观（共享价值观），也就是我们常说群体价值观。这些群体价值观一经形成就会对群体内部社会成员的心理意向、行为模式发挥着持久稳定的规范约束作用，并根据这些作用的对象、内容、类型的不同，而区分出群体政治价值观、群体经济价值观、群体道德价值观、群体生态价值观、群体审美价值观、群体宗教价值观、群体人生价值观等，这些价值观相互联系、相互作用构成了群体价值观体系。在群体价值观体系中，对群体文化心理和行为选择起决定和支配作用，并在群体社会生产生活价值导向中占据优势和权威地位的价值观，构成了群体核心价值观。由此可见，群体核心价值观是一种产生于群体生存、生产、生活实践之中并对之发挥着主导作用的价值观。在这个意义上，我们可以说，大学生核心价值观是一种群体核心价值观，这种群体核心价值观形成于大学生群体参与推动我国革命建设改革发展的历史进程之中，是一代大学生共同或相近的社会存在、生活体验和基本需要的集中体现。其二，任何一种核心价值观提出具有主体自觉和社会化发展的结果，大学生核心价值观也不例外。价值观是人们基于对价值现象、价值关系的自觉而产生的系统化的、可进行社会交流的价值意识形态，具有鲜明的自觉性、系统性和社会性。所谓自觉性是指价值观不是主体对因自身需要而产生的各种价值关系的直觉和直观，而是主体对自身需要及由之所产生的各种价值关系和价值现象的自我意识。换言之，虽然不同主体的价值观或同一主体的价值观在具体形式和内容上存在这样或那样的差异，但是它们都内在包含着主体对“我应该如此”或“我不应该如此”的价值判断。这些价值判断经由不断的价值实践而形成了相对恒定、持久的价值意识模式，这种价值意识模式已经不再直接受制于个人的心理和生理状态，而“上升到比较不受这种制约的、抽象精神活动的高度”。所谓系统性是指由于价值自觉所产生的各种价值观念形式（信念、信仰、理想），都不是孤立的，而是相互联系、相互作用，共同构成了主体的价值观念体系。所谓社会性是指这种因主体价值自觉所构成的价值观念体系，因为主体所“遭遇”到的客观社会存在、共同生活体验和相近需要要求，而不再仅仅属于个体的精神形式，相反“往往是为一些人所共有的、可以讨论和交流、并可以适当地用外部方法（科学检验、实践证明）来确认的东西”，因此，在内容和形式上都成了一种“社会性的意识”。基于上述观点和分析，可见，大学生核心价值观是大学生主体对自身的社会存在、生活境遇、基本需要以及由之所产生的各种价值关系的不断自觉的结果；大学生核心价值观是由大学生主体价值自觉所产生的各种价值信念、价值信仰和价值理想所构成的观念系统；大学生核心价值观是大学生群体之间可供通约的价值观念,也是大学生群体与社会核心价值体系可以交相互动的价值观念。

其次,马克思主义社会有机体理论为大学生核心价值观的提出提供了社会意义上的理论依据,明确了大学生核心价值观的本质属性及其产生的社会基础。

关于将人类社会比喻成“有机体”问题,马克思曾有过三段著名论述:一是在《哲学的贫困》一文中批判蒲鲁东时指出:“谁用政治经济学的范畴构筑某种思想体系的大厦,谁就是把社会体系的各个环节割裂开来,就是把社会的各个环节变成同等数量的依次出现的单个社会。其实,单凭运动、顺序和时间的唯一逻辑公式怎能向我们说明一切关系在其中同时存在而又互相依存的社会机体呢?”二是在为《资本论》第一版所写的序言中,马克思指出:“社会不是坚实的结晶体,而是一个能够变化并且经常处于变化过程中的有机体。”三是在为《政治经济学批判》所写的“序言”中,马克思指出:“人们在自己生活的社会生产中发生一定的、必然的、不以他们的意志为转移的关系,即同他们的物质生产力的一定发展阶段相适合的生产关系。这些生产关系的总和构成社会的经济结构,即有法律的和政治的上层建筑竖立其上并有一定的社会意识形式与之相适应的现实基础。物质生活的生产方式制约着整个社会生活、政治生活和精神生活的过程。”从这三处论述中,我们可以清晰地看到马克思主义社会有机体理论的基本观点:其一,社会有机体是包括“社会体系的各个环节”和“同时存在而又互相依存”的“一切关系”,是一个涵盖全部社会生活领域的跨层次、整体性的概念范畴,是由人及其全部社会生活条件、要素所构成,并相互依存、相互作用的发展着的有机整体。其二,在整个社会有机体中存在一个基础性的构成部分,这就是由生产力、生产关系共同组合而成的物质资料生产方式,这个基础性构成部分在社会有机体中发挥承上启下的作用,并决定其他部分的性质和构成。其三,社会有机体中也存在一个居于上述基础性部分之上的上层性构成部分,这种上层性构成部分主要包括人的精神生产实践及其所创造的各种社会意识,以及具有中介性质的社会制度体系或政治法律及设施。

价值观作为人头脑中形成的观念,以观念的形式反映或再现客体,因此,从其存在形态上来讲,它应该属于人们的精神文化系统。从马克思主义社会有机体理论出发,不难看出,大学生核心价值观在本质上属于社会有机体中的观念上层建筑。“观念上层建筑”在马克思恩格斯那里又称为“社会意识”。例如马克思恩格斯在合著的《德意志意识形态》中论及市民社会及其作用时,首次从社会存在决定社会意识的意义上使用了“上层建筑”这一概念,并将之界定在意识、思想范围之内,强调这是一种“观念的上层建筑”。在这一“观念上层建筑”中占据主导地位的社会意识及形式(哲学、宗教、艺术、道德、法律等)就是社会的主流意识,亦是在经济和政治上占统治地位的阶级或集团的意识具体体现，是这些阶级或集团通过各种方式期望使之成为社会普遍遵循的思想观念、政治原则和道德规范。高校作为社会知识创新的桥头堡、各类人才培养的资源库与新兴思想观念的试验田，在社会主流意识宣传、教育和创新方面具有不可替代的作用。大学生核心价值观是高校人才培养和文化传承创新的重要成果，内化和兼具着社会主流意识的基本观念、原则和规范，并通过将这些观念、原则和规范转化为大学生的内在需要、自觉追求和行为准则，实现社会主流意识在大学生中的大众化。同时，大学生核心价值观集中反映了一代青年大学生的生存体验、利益诉求和发展预期，这些体验、诉求和预期通过大学生参与开展的社会实践活动，传导和输送给不同社会阶层成员，甚至在一定范围内形成“公意”，引起社会主流意识形态的关注，进而转化成社会主流意识形态的有机组成部分。

作为观念上层建筑的大学生核心价值观不是凭空产生的，而是由一定的社会物质生产和政治结构所决定。社会物质生产是人们用以生产满足自我生活必需品的物质生活资料的活动，主要包括生产力和生产关系两个方面，其中生产力是起决定性作用的因素，是人们认识改造世界的能力，也是人与自然、人与人之间的价值关系的呈现和作用方式，在要素上包括劳动者、劳动对象和劳动资料。大学生是社会生产力中重要的劳动者群体，这一劳动者群体对劳动资料和劳动对象的需要，构成了大学生群体与自然的价值关系，而大学生核心价值观是对大学生群体与自然之间的价值关系及其与其他群体之间的价值关系的主观反映，由一定时期社会生产力的发展状况所决定，反映一定时期大学生群体与自然之间的价值关系的性质和形态。在这个意义上，我们可以说，有什么样的生产力就要求有什么样的生产关系，并相应产生什么样的大学生核心价值观。政治结构在马克思主义那里又称为政治上层建筑，事实上，马克思在多数著作和文章中，也主要是在社会政治结构或国家政权的意义上使用“上层建筑”概念的，主要是指政党、政权机构、军队、警察、法庭、监狱等实体性要素以及政权组织形式、立法、司法、宪法和规章等制度性要素。这些实体性和制度性要素一经形成就会具有相对的稳定性和持续性，其背后所蕴藏的价值取向则通过社会舆论引导、利益机制调整、家庭社会教育以及各种社会约束机制，传递灌输到各种社会群体之中，进而形成群体核心价值观。群体核心价值观一经形成，就会构成群体各种文化心理和思想行为的评判尺度和指导原则，并适时矫正着群体内部社会成员各种与之不相符合的思想和行为，进而将整个群体的思想行为纳入到政治结构或政权所允许的范围中。大学生核心价值观作为一种特殊的群体性价值观，自然也不会脱离特定政治结构或政权所存在，相反以政治结构或政权为现实依托,并以其背后所蕴藏的特定价值取向为主要内容,这是因为大学生核心价值观通过对特定政治结构或政权的阐释和拥护,获得了现实存在的合法性,进而为推动大学生核心价值观在整个大学生群体中的思想教化、资源整合、方向引领,提供坚实的政治基础。另一方面,大学生核心价值观通过将特定政治结构和政权背后的价值取向转化为自身内容的有机组成部分而获得丰厚的、不可或缺的思想、文化和价值观资源,并依凭政治结构或政权的有效运作,为自身提供教化宣传的合理性。总之,马克思主义社会有机体理论揭示了大学生核心价值观的内在本质及其与经济基础和政治上层建筑之间的关系,明确了大学生核心价值观在社会有机体运行中的地位和作用。

再次,马克思主义青年学说为大学生核心价值观的提出提供了群体意义上的理论依据,明确了大学生核心价值观的历史使命及其对大学生群体社会化的价值。

马克思主义虽然并没有直接以“青年学说”命名的理论体系,但是马克思主义创始人创立科学社会主义时,就对青年问题给予了一定的关注,并提出了许多有关青年的重要见解。随着马克思主义不断走向成熟,特别是 20 世纪社会主义革命和建设事业伟大实践的锤炼,马克思主义青年学说形成了较为完整的理论形态,并成为无产阶级政党和社会主义国家制订青年政策、策略和方针的基本理论依据。概言之,马克思创始人所生活的年代,资本主义社会正处于上升时期,随着机器大工业的快速发展,世界无产阶级受压迫、受剥削的程度空前严重,因此,马克思主义青年学说从诞生之日起就格外关注青年的生存状况和发展前景。此外,马克思主义青年学说对青年知识分子给予了特殊关注。这一方面是因为随着工业革命和现代城市的发展,青年群体作为一个社会阶层开始逐渐从社会结构中分离出去,特别是由于现代大学制度的形成发展,各类大学成员(如学生和教师)开始以青年阶层的身份登上了历史舞台。因此,马克思主义创始人总是站在保护和教育青年知识分子的角度,对他们存在的种种问题进行了善意的批评帮助。比如恩格斯就曾多次批评德国青年好高骛远、夸夸其谈的缺点,马克思更是针对无政府主义等错误思潮对青年的影响,强调最容易受到这些错误思潮毒害、迷惑的“首先是‘优秀的青年’大学生,其次是工人,尤其是从事奢侈品生产的巴黎工人,他们不自觉地强烈地倾向于这堆陈腐的垃圾”。同时,马克思主义创始人十分重视对青年开展各种教育以使之成为世界工人阶级的生力军,强调对青年的教育应该始终同包括生产活动在内的各种社会实践结合起来。为此,他们不加吝啬地称赞空想社会主义者欧文在他所创办的工厂中所做的青年教育努力(为 10 岁以上的青少年工人设立业余学校,为成年工人及其家属在晚间组织讲演会、座谈会和文娱活动,建立“培养性格新学院”),并称赞它已经萌发出了未来教育的幼芽。

从马克思主义青年学说基本立场、观点和方法出发,我们可以透视出大学生核心价值观存在的意义和价值,以及凝练培育当代大学生核心价值观的必要性和紧迫性。一方面,大学生核心价值观是一代大学生能否切实肩负时代使命、完成历史任务的关键所在。正如马克思主义青年学说关于青年在世界无产阶级运动中的地位和作用一样,作为一种特殊的社会角色类别,从19世纪末20世纪初学生阶层形成之日起,我国大学生群体就被赋予了特定的使命和任务,这种使命和任务随着时间的推移逐步内化成了大学生群体的文化特质,并成为大学生核心价值观存在的价值和意义根据。无论是构建社会主义和谐社会,还是全面建设小康社会,抑或是到21世纪中叶达到中等发达国家水平,实现中华民族伟大复兴,都需要一代或几代大学生继续主动担当时代使命和历史重任,而要做到这一点,就必须加紧凝练和培育大学生核心价值观,使之成为大学生作为“社会文化先锋”的群体角色意识的价值基础,成为引导大学生以或超越、或反叛的方式推进社会文化变革的价值动力。另一方面,大学生核心价值观是满足大学生群体需要、破解大学生成长成才矛盾的有效手段。马克思主义青年学说揭示了青年群体许多固有的问题,这些问题说到底根植于青年群体所处的生命成长阶段。具体到大学生来看,一般来说,大学生年龄结构在18—24岁之间,处于青春期的后期,正是个体生理、心理和社会等方面继续发展并趋向成熟和稳定的时期,他们是社会上的“边缘人”,又是时间上的“过渡人”,一只脚踏在自身描绘的理想世界中,另一只脚还踩在现实的学习生活里。这种“边缘”和“过渡”的生命特征使得他们产生了许多属于这一群体的特殊矛盾,这些矛盾涵盖了生理、心理和社会层面,包括生物成熟和社会成熟、现实存在和未来前景、自我发展(主体)和社会发展(客体)三对矛盾,根植于大学生较为复杂的需要结构。有学者通过调查研究曾将大学生需要结构划分为四种类型,即发展型(86.54%);冲突型(7.69%);享乐型(3.85%);奉献型(1.92%)。解决这些矛盾、满足这些需要,固然要靠经济社会的持续健康发展,但是,也要靠大学生核心价值观的有效引导。这是因为价值观作为客体属性与主体需要之间关系的主观反映,对于调节主体对客体属性、自身需要及二者相互间关系现状和发展前景的认识,具有重要作用。同样,大学生基于共同的成长成才需要和矛盾容易形成较为普遍的价值共识,并在此基础上凝结而成了大学生核心价值观;大学生核心价值观一经形成,也会调控每个大学生对自身需要、社会现实及各种矛盾的认识和看法。所以,教育引导大学生树立科学的核心价值观无疑是满足大学生成长成才需要、破解大学生成长成才矛盾的有效手段。

二、大学生核心价值观提出的直接依据

任何一个社会都应当也必须具备一个核心价值体系，它是整个社会的文化脊梁，是支撑一个社会向着稳定、健康、有序的方向持续发展的精神基础。社会主义核心价值体系，是指在社会主义社会中占据主导地位的、反映社会主义意识形态本质要求的价值体系。社会主义核心价值体系作为区别于其他社会的核心价值体系，除了具有社会主义社会形态的普遍核心价值外，还因各国历史传统、革命需要和发展特色等差异，在不同社会主义国家会形成不同的社会主义核心价值体系。社会主义核心价值观，是以习近平同志为核心的党中央从新时代坚持和发展中国特色社会主义、实现中华民族伟大复兴的中国梦出发，提出的重大战略思想。

习近平总书记所作的党的十九大报告深刻阐述了社会主义核心价值观的丰富内涵和实践要求，对培育和践行社会主义核心价值观作出许多新的重大部署，充分反映了我们党在价值理念和价值实践上达到了一个新的高度。我们要认真学习贯彻党的十九大精神，深入推进社会主义核心价值观建设，为决胜全面建成小康社会、夺取新时代中国特色社会主义伟大胜利，打下更加坚实的共同思想道德基础。

归纳起来，社会主义核心价值体系有以下几方面的内涵：首先，作为社会主义意识形态的本质体现，社会主义核心价值体系涵盖了社会主义建设的指导思想、发展目标、精神支柱和道德基础，反映了社会主义形态、制度和价值的根本要求，构成了社会主义意识形态的核心内容。其次，作为社会主义先进文化的精髓，社会主义核心价值体系为社会主义文化发展提供了价值基础和精神资源，是社会主义和谐文化建设的根本和推动社会主义先进文化大发展大繁荣的关键。最后，作为兴国之魂的社会主义核心价值体系，在发展中国特色社会主义的历史进程中，发挥着凝魂聚气、强基固本的灵魂作用。历史告诉我们，一个失去核心价值体系的民族，就失去了长期存在和发展进步的灵魂。建设中国特色社会主义，实现中华民族伟大复兴，需要社会主义核心价值体系凝聚人心、鼓舞斗志，进而使全国各族人民形成统一指导思想、共同理想信念、强大精神力量、基本道德规范，巩固全体社会成员的共同思想道德基础，为推进中国特色社会主义建设提供强大的精神支撑。

社会主义核心价值观是社会主义核心价值体系的内核。十六届六中全会后，众多学者和社会各界对社会主义核心价值观的凝练进行了广泛探讨，十八大明确提出了社会主义核心价值观的“三个倡导”。社会主义核心价值观是当代中国精神的集中体现，凝结着全体人民共同的价值追求。党的十八大以来，以习近平同志为核心的党中央高度重视社会主义核心价值观建设，采取一系列重大举措，推动社会

主义核心价值观广泛弘扬。面对新时代新要求，面对新征程新任务，持续深入地培育和践行社会主义核心价值观，意义重大而深远。

党的十九大报告指出，培育和践行社会主义核心价值观，要以培养担当民族复兴大任的时代新人为着眼点。这一重要思想观点，聚焦实现中华民族伟大复兴的历史使命，进一步明确了社会主义核心价值观建设的出发点和落脚点。

社会主义核心价值体系和社会主义核心价值观的提出为大学生核心价值观提供了直接依据。作为社会主义核心价值观的重要组成部分，大学生社会主义核心价值观首先反映的是社会主义核心价值观的全部内容和精神实质，也体现了社会核心价值观在这一特定群体内的特定要求。社会主义核心价值观“既是国家整体、民族整体的追求，也是不同阶层、不同群体的追求，进而可以成为每一个体、每个公民的追求。而一旦深入、内化到不同的社会阶层和特殊群体，就像绚丽的阳光折射出七彩光芒，会展现出不同的核心价值观”。大学生核心价值观是这个群体的起主导作用的精神力量，是社会主义核心价值观在特定群体内的具体化。在社会主义核心价值观提出之前，虽然在历史上我国大学生在不同时期都有不同的可以称之为核心的价值观，但一直没有确切的、清晰的一套核心价值标准，始终是在大的历史事件影响之下做出的较为本能的价值选择。社会主义核心价值观的提出，对当代大学生核心价值观的构建发挥了巨大的导向作用，主要体现在三个方面：

首先，从观念上唤醒了当代大学生，能够有效促成当代大学生核心价值观的自觉，并从根本上为大学生核心价值观的建构提供一个宏观的范围和基础。核心价值观的形成从本质上来说是人们高度自觉的产物，社会主义核心价值观的提出唤醒了人们对自身价值观念领域的重视，对社会各群体乃至个人构建和完善自身的价值体系，具有重要的启发和带动作用。

其次，社会主义核心价值观体系和核心价值观具有完整的结构和丰富的内涵，为当代大学生核心价值观的凝练提供了依据。对于处在价值观形成发展关键期的当代大学生来说，社会主义核心价值体系和核心价值观鲜明的层次性和完善的体系结构是其明晰和充实自身核心价值观的一项重要依据。大学生核心价值观要充分对照社会主义核心价值体系和核心价值观的内容进一步完善自己的核心价值理念。

最后，社会主义核心价值体系和核心价值观的提出有助于整合大学生群体的多元价值观念。当代社会价值多元化的趋势日益明显，而在后现代语境下权威与核心有逐渐被消解的危险。在这样的社会背景下，社会主义核心价值体系和核心价值观的提出为整合整个社会的价值观起到巨大的作用。对于当代大学生而言，深入和认真学习社会主义核心价值体系和核心价值观的内容,有助于稳定群体的精神和心理状态,聚合多元多样的价值观念。

总之,大学生核心价值观的建构需要社会主义核心价值体系和核心价值观的规整,只有在其指导和引领下,才能抵制错误思想的影响,才能形成对社会主义意识形态的共识和认同,形成群体所需的奋发向上的精神力量和价值理想。具体而言,就是要以马克思主义为指导,增强社会主义意识形态的吸引力和凝聚力;以中国特色社会主义共同理想为主体,进一步凝聚大学生的思想共识;以民族精神和时代精神为精髓,引导大学生树立民族自尊心、自信心,展现时代品质和风貌,增强社会责任感、使命感;以社会主义荣辱观为道德准则,培育大学生文明道德风尚。社会主义核心价值体系的提出,为大学生核心价值观的建构奠定了基础、规定了方向,是大学生核心价值观建构的直接依据。

第三节　大学生核心价值观是一个时代问题

价值观是时代变化发展的晴雨表,亦即是恩格斯所说的:"善恶观念从一个民族到另一个民族、从一个时代到另一时代变更得这样厉害,以致它们常常是互相直接矛盾的。"青年群体的价值观是对时代嬗变轨迹的敏感折射,同时也是整个时代主题变迁在青年价值观念中的缩影。大学生是青年群体中较富于理性思维、反思能力和追求精神的群体,如果说一般社会青年群体都是以感性直观的方式来折射时代变迁及其由之所带来的的价值变化,那么,大学生则是以较为抽象、理性和系统的方式来认识和把握时代变迁及其带来的价值观的变化。在这个意义上,我们可以说,大学生核心价值观是特定时代背景的集中反映,有什么样的时代背景就有什么样的大学生核心价值观与之相适应。回顾历史,20 世纪初,在被列宁称为"帝国主义与无产阶级革命的时代""战争与革命"几乎成为全部时代问题的中心;当此之时,我国大学生作为相对独立的社会阶层一经形成,就开始成为推动我国政治革命、文化革命与社会革命的活跃力量,用毛泽东同志的话说:"数十年来,中国已出现了一个很大的知识分子群和青年学生群。他们在现阶段的中国革命中常常起着先锋的和桥梁的作用",因此能否成为"革命先锋队"是那一代大学生共同的价值追求。第二次世界大战之后,人类进入了东西方两大阵营对立的冷战时期,时代主题在"战争与革命"的方向上得到了进一步延续和发展,"东风压倒西风"还是"西风压倒东风"的问题,成为一代大学生格外关注的重大问题,也成为他们确立自身核心价值观的主要依据。冷战结束至今,"和平与发展"作为时代主题已得到世界上绝大多数国家的承认,人类开始谋求较长时间的国际和平,实现可持续性发展。在这种时代背景下,应该呼唤什么样的大学生核心价值观呢?或者说,我们用以引领一代大学生成长成才的核心价值观应该满足什么要求,符合什么特征呢?笔者认为,伴随开放环境、社会分化和主体觉醒,大学生核心价值观应该具有和满足新的特征和要求。

一、开放环境与大学生核心价值观

开放环境相对于封闭环境而言,在这里主要是指随着经济全球化、技术信息化的快速发展,人类物质生活环境与精神生活环境都愈加开放,各种来自不同国家、不同区域的物质和精神产品,大量涌入人们的日常生活。关于这一点,早在一百多年前,马克思恩格斯就曾做出过科学的判断,他们指出:"各个相互影响的活动范围在这个发展进程中越是扩大,各民族的原始闭关自守状态由于日益完善的生产方式、交往以及因此自然形成的不同民族之间的分工消灭得越是彻底,历史也就越是成为世界历史。"随着人类进入世界历史,人类的物质生产和精神生产都开始摆脱过去那种自给自足和闭关自守的状态,开始"被各民族的各方面的互相往来和各方面的相互依赖所代替了","各民族的精神产品成了公共的财产。民族的片面性和局限性日益成为不可能,于是由各民族的和地方的文学形成了一种世界的文学。"大学生核心价值观作为社会精神生产的有机组成部分,自然也会在这种开放的社会环境和世界历史的进程中,日渐成为一种兼具世界性与民族性特质的产品。这就要求大学生核心价值观在坚持民族国家利益至上的基础上,逐步形成全球意识和世界视野。这主要包括两个方面:一方面,要针对普遍恶化的自然环境这一全球性问题,树立科学的全球自然价值观,亦即人与自然和谐共处与人类自身可持续发展的价值观;要针对日渐频繁的国际交往,树立科学的国际合作价值观,增强国际合作意识,正确对待和处理人类共同利益与民族国家利益和自身利益的关系;要针对不同文化共同体交流对话,树立民主对话、包容多样的文化价值观,积极吸取世界优秀文化中的优秀价值观养分;要针对人类普遍存在的精神失调问题,树立正确的人生价值观,关注自我精神生命成长,重建人类共同精神家园。另一方面,还要针对全球化思潮中各种西方意识形态的陷阱,进一步坚定社会主义价值信念与目标,认识到"作为各民族国家共同参与、平等对话的全球化是一个适宜的概念,但作为发达国家以自己的标准和利益建构世界体系的全球化,不值得效仿"。总之,在开放环境日益扩大的背景下,大学生核心价值观应更加突出开放性与合作性,更加满足相互了解、彼此学习、民主对话、互利共赢、警惕霸权的时代要求。

二、社会分化与大学生核心价值观

分化是现代社会的显著特征,社会政治、经济、文化生活正从先前的整体合一走向了相对分离,用美国社会理论大师亚历山大的话说就是:“分化概念比当代的任何其他概念都更为贴切。”促使社会分化的深层原因是由经济结构调整所来的利益分化与贫富分化。改革开放40多年来,随着我国经济体制改革的日渐深入,社会阶层和利益结构发生了较为剧烈的分化,关于这种分化学术界先后形成了四种代表观点:第一种观点认为,20世纪90年代中期以来,我国社会逐渐分化成为一个“断裂社会”,这种社会由相互隔绝的两个部分组成,即上层社会和底层社会(或者说强势群体和弱势群体),包括经济财富在内的全部社会资源愈发积聚在上层社会,底层社会所能获得分享的发展成果越来越少,致使双方在经济、政治、文化各方面的差距越来越大。第二种观点认为,改革开放以来,我国社会分化的结果不是“断裂社会”,而是形成了具有一定等级性的社会阶层,包括顶层、中间阶层和底层,随着分化的加剧,将会形成两头小、中间大的“洋葱型”社会结构。第三种观点认为,由改革开放中前期的社会分化所形成的社会经济差异,以及由之所产生的阶层结构正日趋稳定,而且这种社会分化结构将延续下去。第四种观点则认为,我国社会分化没有形成“结构”,也没有导致阶层等级的形成,更不可能出现“断裂”,而是将过去那种“两个阶级一个阶层”(即工人阶级、农民阶级和知识分子阶层),分化为许多“碎片”一般的利益群体。可见,学者们对我国社会分化的结果和趋势看法并不一致,但是他们却不约而同地将“阶层分化”作为观察中国现状的出发点,并将“分化”的原因归结为经济利益的调整。关于这一点,恩格斯曾指出:“一种历史因素一旦被其他的、归根到底是经济的因素造成了,它就起了作用,就能够对它的环境,甚至对产生它的原因发生反作用。”同样,社会利益和阶层分化一经产生,就对社会方方面面产生巨大的作用,特别是对建立统一的价值意识更是会产生重大影响。简言之,持续的社会分化使社会价值观日趋多样,社会价值共识危机日趋加剧。解决这一问题的关键在于以社会核心价值体系为引导,扩大社会价值认同基础,重塑社会价值共识。同样,作为在改革开放以来分化社会环境中成长起来的一代,大学生的组织形式、生活方式、就业方式日渐多样化,这种多样化直接导致了他们在价值观认同和持有上的多元化,各种价值观同时并存、相互竞争,科学的价值观与错误的价值观相互交织,进步的价值观与落后的价值观相互影响。这些都要求当代大学生核心价值观应更加注重主导性、包容性与整合性。“主导性”是指大学生核心价值观应坚持以社会主义核心价值体系为主导,使之成为辨识评判全部价值观念的依据;“包容性”是指大学生核心价值观应该持有更加包容豁达的态度,对大学生现实存在的各种不同价值观念持“同情理解”的态度,而不应延续过去那种阶级斗争、非此即彼的二元化思维;“整合性”是指大学生核心价值观应坚持一元主导、多样发展原则,用社会主义核心价值体系来吸收和整合多样价值观中的积极因素,形成能兼顾个人与社会、理想与现实、民族与世界的新型价值观念体系。

三、主体觉醒与大学生核心价值观

如果说把人作为知识、权力和价值的主体,是近现代哲学转向的核心命题,那么,坚持以人为本,尊重人在经济社会发展中的主体地位,满足人的各种需要,实现人的自由全面发展,则是人类现代文明的基本价值立场。无论是西方近代人文社会科学先驱维柯将人类社会划分为“诸神时代”“英雄时代”和“人的时代”,还是享有“社会学之父”称誉的孔德把人类社会划分为“军事时期”(神学)、“过渡时期”(形而上学)和“工业时期”(科学)三个阶段,抑或是马克思在晚年通过对摩尔根的《古代社会》和俄国《公社土地占有制,其接替的原因、进程和结果》的研究,提出的人类社会发展“三阶段和五形态”学说,都无一例外地将尊重人的主体地位、唤醒人的主体意识、实现人的全面发展,作为人类社会发展的最终理想与核心目标。当然,人的主体意识觉醒不是单纯在概念或思想领域中发生的,而要依靠一定的社会现实基础。在前现代社会,由于生产力发展水平低下,单个人认识和改造自然的能力较小,因此更多依赖于基于血缘的家族体制和基于政治的帝国架构,这种在自然经济基础上所结成的亲缘制度和官僚制度制约和规定着人主体意识的觉醒。进入现代社会之后,商品经济替代了自然经济,个人开始凭借着经济上的相对独立摆脱对宗教、家族和国家的依赖,人的主体意识才开始真正觉醒。

具体到我国,社会主义市场经济改革深刻改变了社会权力和机会的分配机制,这使得过去那种由国家统一支配的资源分配机制逐步让位给了市场,市场成为社会资源配置的基础;在这种新的资源分配机制下,中国人开始真正摆脱依附了千年之久的“家国同构”体制,个体主体独立意识得到了空前张扬。具体到大学生群体,这种主体意识的觉醒主要表现为独立意识、竞争意识和创新意识的强化,这一方面增强了当代大学生适应社会主义市场经济的能力;另一方面,也催生了个人意识的无限膨胀,使许多学生形成了重个人利益、轻社会责任,重个人奋斗、轻集体协作的价值观念,甚至催生了拜金主义、享乐主义和个人主义等错误价值观。这些错误的价值立场和观点无疑制约着大学生的健康成长,从长远来看,甚至危害着社会主义意识形态的整体发展。这就要求当代大学生核心价值观必须坚持个人性与社会性的统一，既尊重大学生成长成才、创造幸福生活的需要和努力，又注重引导他们将个人理想与社会理想、个人幸福与社会发展有机统一起来；既注重激发和唤醒大学生的主体意识，为他们成长成才和创造幸福生活提供源源不断的精神动力，又要注重引导他们树立遵纪守法的价值观念，使他们能始终在国家政策和法律的框架内实现自我的人生理想。

第二章　大学生核心价值观的本质内容

本质是事物“是其所是”与存在发展的根本特质和内在依据，通过各种概念范畴认识和把握事物的本质规定，是人们将自我同.自然界或“野蛮人”区分开来的“梯级”。同样，准确把握大学生核心价值观的本质规定，也需要通过系统梳理大学生核心价值观的相关概念，以准确理解大学生核心价值观的基本内涵，全面把握大学生核心价值观的功能特征。

第一节　价值、价值观、核心价值观

概念是人们用于认识和掌握自然现象之网的纽结，是科学研究的“细胞”，只有准确把握概念特别是核心概念的内涵边界，明晰概念的社会基础及现实定位，才能确保我们在研究展开的过程中前后一致。基于此，梳理“价值”“价值观”以及“核心价值观”的内涵，可以为我们深入理解“大学生核心价值观”奠定基础。

一、价值

要理解价值观的本质，一个必要的理论前提就是厘清“价值”的基本内涵。西方价值哲学的研究起源于18世纪英国哲学家休谟关于事实和价值的区分，到了19世纪末20世纪初，价值哲学首先在美国，继而在英国等国逐渐兴起。归纳起来，西方的价值哲学经历了直觉主义价值论、现象学价值论、实用主义价值论、情感主义价值论、存在主义价值论等学派，总的来讲，争论主要围绕“价值是主观的还是客观的”这一问题展开。主观主义价值哲学以主体和主体需要来规定价值，把价值归结为主体的自然本性和特征，突出和强调价值的“主观性”。代表学派主要有文德尔班的满足需要论、培里的兴趣说、斯蒂文森的情感主义价值论等。文德尔班是新康德主义的弗莱堡学派的主要代表人，他认为，价值绝不能作为对象本身的特性，它是相对于一个估价的心灵而言的，“每种价值首先意味着满足某种需要或引起某种快感的东西”。实用主义奠基人詹姆士认为，客观世界是没有的，有的只是如何应付环境，也即如何将经验组织得能够产生对自己有利的效果；培里是美国新实在论的代表人物之一，他认为“是兴趣对象的任何东西事实上都是有价值的”，斯蒂文森认为价值判断仅仅是个人对各种事态的情感和态度。客观主义者以客体自身的功能或属性来规定价值,即突出和强调价值的“客观性”。客观主义价值哲学的代表学派主要有摩尔的直觉主义价值观、舍勒和哈特曼的现象学价值观等,马克斯·舍勒是20世纪初德国著名的社会与伦理哲学家,他的价值伦理学是从批判康德的形式主义伦理学开始的,他认为,“我们能够在诸事物中直接地确认价值的性质,如‘可爱的’‘诱人的’‘美的’,等等。这些性质完全不依赖于我们的意见,而属于具有自己的依存法则和等级次序法则的价值世界”,也就是说,价值是超验的又是客观的,是独立于价值对象和评价主体之外的。当然也有学者持主客体关系说,比如奥地利哲学家厄棱费尔、阿根廷哲学家弗龙迪齐等。弗龙迪齐认为价值是一种完形性质,是综合主观与客观的优点,并且只有在具体的人类情境中才存在并具有意义。总之,从19世纪末20世纪初至今,西方价值哲学已经走过了100多年的历史,在价值的界定、价值的类型、价值的基础、价值认识和价值真理等基本问题的认识上取得了诸多进展,奠定了价值哲学在整个哲学体系中的核心地位,为我国学者开展价值研究奠定了坚实的基础。

我国当代的价值研究都是在马克思主义价值哲学的指导下进行的。对于价值问题的探讨,虽然在我国古代哲学思想中也有所涉及,但是真正系统地将价值问题作为哲学命题进行探讨,始于20世纪70年代末80年代初的“实践标准大讨论”和“思想解放”运动。80年代末到90年代中期,是我国价值哲学发展最为迅速的时期,西方哲学流派资料的逐渐引入,国内渐渐掀起现代西方哲学研究的热潮,也取得了一系列成果。

以上观点都是从主客体角度分析价值的实质,即价值不是实体范畴,也不是属性范畴,而是关系范畴。价值的特殊的存在和本质既不是只存在于“主观世界”的纯粹主观的主体内心情感或情绪,也不是某种只存在于“彼岸世界”的纯粹抽象的超验实在或本体,更不是它们固有不变的属性,而是作为一定的“关系质”或“关系态”而客观地产生和存在着的关系现象。对于这种观点,吴向东认为,上述解释属于“主客体统一的认识论的框架”“不能说明作为目的的价值本身”,也就是说,我们可以从关系的角度去解释价值,但不能说关系本身就是价值。“在对价值的理解上,我们需要突破价值的认识论框架,进入价值的存在论(本体论)的层面,或者说价值与存在的关系中把握价值”“换言之,价值就不是一种固定存在着的某种抽象实体,甚至也不仅仅是关系,而是人的存在以及对人的存在所具有的意义”。与这一观点相类似,胡海波也曾指出,人是价值得以产生的“前提条件和逻辑根基”,价值概念是人“用以表达自己关于人的观点”“随着人及其历史的发展,人们又赋予

‘价值’观念诸如‘生成’‘目的’‘追求’‘理想’等新的理念和品质,从而使‘价值’概念与人的自我实现成为同义词”。在这个意义上,这种认识方式就为我们进一步突出了人之于价值的主体地位和优先性。

综上,价值固然因着人与自然、人与社会、人与人之间的关系而产生,揭示和反映的是人的需要与满足关系,具有一定的客观性和关系性。但是,价值不仅具有需要与满足关系,还具有更为高级的追求,是人基于对自我本质的自觉、占有和自身需要的审视、判断,而产生的理想之物、目的之物和追求之物,具有鲜明的意识性、主观性、目的性和超越性。在这个意义上,我们可以说,价值是人的意义世界,没有价值或者缺乏应有的价值认知和自觉,人就缺少了成为灵魂的东西,就不能作为人而成为人,并占有自己的全部本质,实现自身的自由全面发展。

二、价值观

和“价值”一样,关于价值观的概念在学术界也是众说纷纭。克拉克洪(Elyde H. kluekhohn)最早提出了价值观的定义,他认为价值观是一种外显的或内隐的,关于什么是“值得的”的看法。20 世纪 70 年代美国心理学家罗克奇(Rokeach)提出,价值观是一种持久的信念,是一种具体的行为方式或存在的终极状态,对个人或社会而言,比与之相反的行为方式更可取,具有动机功能,它不仅是评价性的,还是规范性和禁止性的,是行动和态度的指导。20 世纪 80 年代,美国社会学家施瓦茨(Schwartz)认为,价值观是令人向往的某些状态(如愉悦)、对象、目标或行为,而它们是超越具体情景而存在的,可以作为在一系列行为方式中进行判断和选择的标准。关于价值观的结构,国外学者中对价值观的分类研究影响最大的是德国心理学家斯普兰格和美国著名心理学家奥尔波特。斯普兰格把人们倾向于对社会生活六个领域的某一方面感兴趣,看作是拥有不同价值观的表现。这样,他把价值观分为六种类型:经济的(重功利的)价值观,宗教的(重圣洁的)价值观,艺术的(重审美的)价值观,政治的(重权力的)价值观,社会的(重交往的)价值观,理论的(重真理的)价值观。奥尔波持认为上述六种价值观是存在的,它们作为可变的价值取向,以不同的程度建构于一个人的观念体系中,贯穿在生活的所有方面。罗克奇将价值观分为“终极性价值观”和“工具性价值观”,前者指欲达到的最终存在状态或目标,后者是指达到上述目标所采取的行为模式或手段。霍弗斯特德(Hofstede)通过对几十个国家的调查得出了价值观的五个潜在维度,即权利距离、确定回避、个体主义/集体主义、男子气/女子气、长期/短期倾向,他同时对罗克奇的终极性和工具性价值也进行了深入的梳理。

在国内,关于价值观的研究从20世纪80年代开始,研究在逐渐增多,且涉及多个学科领域,但总结起来主要涵盖以下三个方面:一是哲学层面的研究,更加关注价值观所反映的主体和客体之间的关系;二是社会层面的研究,重点关注社会文化变迁对民众特别是青少年群体的影响;三是个体层面的研究,重点关注个体价值观的心理结构和发展变化等。黄希庭认为价值观是人们区分好坏、美丑、损益、正确与错误、符合或违背自己意愿的观念系统,它通常是充满情感的,并为人的正当行为提供充分理由;他将价值观分为政治的、道德的、审美的、宗教的、职业的、人际的、婚恋的、自我的、人生的和幸福的10种类型。金盛华认为价值观是人们按照自己所理解的重要性,对事物进行评价与抉择的标准,它是比态度更广泛、更抽象的内在倾向。袁贵仁认为,价值观念是关于客观对象的作用、意义,亦即关于客观对象的价值的总看法、总观点。具体地讲,价值观念不回答客观对象的本来面目是什么,也不具体揭示客观对象的本质和规律,或预测客观对象的未来趋势,而是反映某类客观事物对于人和人类的意义或价值。吴向东认为,价值观是"社会中的人们一直接受的象征系统(文化系统)中的一个因素,它是社会里各种选择或行为目标的标准""从人的存在即人的感性活动中加以分析……包括:关于人的存在的终极价值的观念和处于同一层面的人与自然关系的价值观、人与社会关系的价值观、人与自身关系的价值观"。

综合上述概念可以看出,价值观是人们对价值的自觉和评价。正确地理解价值观要从价值观和价值的关系入手。价值观与价值既有联系又有区别,如果说价值是一个主客体关系的产物,价值观则是更加主观的、观念的东西,作为人头脑中形成的观念,以观念的形式反映或再现客体,它应该属于人们的意识和精神系统。首先,价值观是一种自我意识,是人们对于价值的自我意识,是价值主体对于自己所处的价值关系的意识和感觉。也就是说,自我意识构成价值观念的第一个基础,是对于个体或群体自身的反思和确证,主体只有具备了自身的准确定位,才能确立自身价值观的立足点和出发点,如果缺少自我意识,就很难将自身与客观世界分开,也就不能有效地体会自己与他人、与社会、与国家之间的基本的价值关系,价值观也就无从产生。其次,从现实表现形式上来看,价值观是一个评价尺度,是判断是非曲直、真善美与假丑恶的内在标准。作为一种特定的精神形态,它是人们对于某种价值的认可和坚定立场,是对于某种理想和目标的追求,价值观不同于事实判断和科学知识,不能简单地用真理与谬误、对与错的方式来理解价值观,而要用评价的方式来理解价值观。价值观更多的是反映主体利益需求和立场态度,虽然看起来很抽象,但却渗透在人们生活的方方面面,是人们用于衡量事物的意义和效用的标尺和界限。

三、核心价值观

一般而言，“核心”是相对于“非核心”而言的。也就是说，价值观念本身就是多元多样的，这是由世界的无限多样性和主体多样化的利益差别决定的，但是，无论是一个国家、群体或者是个体，都不可能同时选择“多元”的方向道路，要保障社会或者个体的稳定有序，客观上就要求这些价值观念体系要有一定的主次关系，要有居于主导地位的价值观念，能够将多样的一般价值观念统摄控制在秩序范围内，使其成为核心价值观念的有益补充，这也就决定了价值观念中的“核心”与“非核心”。

“核心价值观”作为一个特定词汇，是在近几年“社会主义核心价值体系”提出之后被广泛重视起来的。从现有的理解来看，有学者认为，“核心价值观是指在一定历史时期，统治者所倡导的对社会文化体系和个体行为起决定和支配作用的价值观，对生活在社会中所有的人产生巨大的影响”，是“一个人、一个集团乃至国家和民族长期秉承的一整套根本原则”“是一种国家制度、一个国家运作模式赖以立足、借以扩展、得以持续的灵魂，因而是国家意识形态的内核”“是一个社会中居统领地位、起支配作用的价值理念，是一种社会制度、社会形态长期普遍遵循、相对稳定的根本价值准则，是一个社会的价值观、价值体系和核心价值体系的灵魂”，等等。总的来讲，现有的对于核心价值观的理解多集中于从意识形态的角度，将“核心”理解为“主导”，即在社会上占主导地位、发挥统帅作用的观念体系，将核心价值观直接等同于社会核心价值观或社会主义核心价值观。这一理解固然为我们从国家社会的角度理解核心价值观提供了很好的解释框架，确保了意识形态之于核心价值观教育引导过程中的决定性和优先地位。但是，由于缺乏对“核心”与“价值观”这对组合概念的各自实质和相互间关系的系统分析，所以，常常片面突出“核心价值观”的意识形态性，而忽略从体系结构的角度予以审视考察，或常常强调国家社会之于核心价值观的主体地位，而忽略从群体、个人角度把握核心价值观主体的内涵实质。

从词源学上看，“核”有三种解释。一是指果实内保护种子的硬壳。如桃核；枣核。二是指桃、李、杏、梅等有核的果品。《诗·小雅·宾之初筵》：“笾豆有楚，殽核维旅。”三是指原子核的简称。如核能；核武器。“核心”指中心，主要的部分，它反映的事物最本质的特征和规律。对于核心价值观的理解要从结构和性质的角度分析而得出，一方面，从结构的角度来说，核心价值观是价值观体系中居于中心部位、起主导作用的部分；另一方面，从性质的角度来说，核心价值观体现主体价值观系统的根本性质和基本方向。“价值观是一种体系性的存在，其中有深层结构和表层结构的区别，深层结构表现为一定主体的文化心态和思维定式，具有相对的稳定性和顽固性，表层结构比较灵活，可以通过增减和变动一些规范以应付实际生活的变化，并维护着深层结构的稳定性、一贯性，只有社会的深刻变革和革命，才能造成深层结构的相应嬗变。”核心价值观就是主体价值观体系中的深层结构的集中反应，它源于价值观，但又不是一般的价值观，与一般价值观的本质区别在于它具有主导性，是最为核心的价值的观念，在价值观念体系中最稳固、最持久、最有统摄性；它具有整体性，是人们对于现有价值关系和价值观念自觉整合、提升的结果；它具有高度的自觉性，是从核心理念和精神追求的层面来制约人们现实的价值关系，是对整个价值关系的产生和创造过程的高度自觉。总之，核心价值观是价值观体系中处于中心地位，起着主导作用的价值观，是价值观的中心和内核，代表着价值观体系的总方向和总特征，对于其他处于从属地位的表层价值观念起着统帅作用，为表层价值观的确立提供方向和依据，从核心价值观中引申出一般价值观，从而形成核心价值观的外围“保护带”。

核心价值观的主体不仅仅是国家，还有群体和个人。主体是认识和实践活动的承担者，对于核心价值观本身而言，其主体必定是“人”，可以是单独的个人，可以是特定群体或阶层，也可以是社会。对于社会而言，核心价值观是在社会价值体系中处于支配、主导地位，为维护统治阶级的统治服务。社会之所以能够成为核心价值观的主体，是因为作为核心价值观主体的人既有个性特征，同时也具有“类”的整体特征，即作为类的整体的核心价值观。一个社会的价值观念都是多元化存在的，但要保障这个社会的稳定有序发展，客观上就要求这些价值观念体系要有一定的主次关系，要有居于主导地位的价值观念，能够将多样的一般价值观念统摄控制在秩序范围内，使其成为核心价值观念的有益补充，进而维护社会的稳定和发展。我们经常讲的社会主义核心价值观是以社会主义社会为主体的核心价值观，是对“社会主义是什么”这一基本问题做出科学回答的理念，具有指导意义和价值。这种作为类的整体的核心价值观的存在也并不能否定个人或者特定群体作为核心价值观主体存在的客观性。群体核心价值观反映的是群体对客观存在的价值现象和价值关系的一种意识和感觉，以群体的价值需要和价值选择为直接依据，体现群体特定的年龄、兴趣、爱好等生理、心理特征和经历、阅历等时间因素。个体是构成社会存在的生命实存体，核心价值观的研究不能忽视作为现实存在的个体，核心价值观最终要落实到每一个个体身上。群体虽然具有较强的同质性，但是人的存在的既定差异也决定了不同个体之间不同的存在关系和行为方式,进而产生价值观念的差异。群体和个体核心价值观虽然不同程度受到社会核心价值观的影响,但却也属于群体或个体自身的特定的角色属性和生活方式所决定的价值特征与文化特性。黑格尔说,社会和个人的关系,就如同有机体与各分子之间的关系一样,有机体赋予各分子以生命,各分子则赋予有机体以活力。人既是个人存在又是社会存在,这决定了个人核心价值观、群体核心价值观之间相互转化的辩证关系。

第二节　大学生核心价值观的内涵

大学生核心价值观是大学生价值观体系的内核,是占统治地位、发挥主导作用的价值理念,是最深刻揭示大学生群体本质的精神内核。具体而言,可以包括以下四个层次的理解。

一、大学生核心价值观是大学生群体角色特征的集中反映

"大学生"归根到底是社会中的一个特殊的、客观存在的社会群体,除了具有作为社会的人的共有的普遍特征以外,还具有某些相对特殊的群体特质,是其所固有的区别于其他社会群体的特质,这些独有的个性和文化特征决定了其在价值认知和价值选择过程中的特殊性,也决定了大学生群体价值观有别于社会核心价值观而独立存在的客观合理性。从角色的年龄特征上来看,大学生群体处于成长中的过渡阶段,是生理、心理和社会等方面继续发展并趋向成熟和稳定的过渡时期,正如马赫列尔所说:"青年是在把过去—现在—未来联结起来的连续轨道上产生、存在和发展的",他们一只脚踏在自身描绘的理想世界中,另一只脚还踩在现实的学习生活里。他们有着特殊的生活环境和特定的成长阅历,也面临特定的价值关系和成长任务。大学生核心价值观是这一特殊的价值生活和价值实践的集中反映,是大学生在处理特定价值关系和价值现象时的基本认知。大学生主体的实践活动范围决定其价值需求的广度,实践能力决定其价值追求的高度,实践活动从内容上生成和改造着人的核心价值观,群体实践活动的不断拓展和丰富决定其核心价值观的不断自我积累、发展和更新。从角色的社会属性上来看,作为未来时代发展和建设的主力军,从19世纪末20世纪初学生阶层形成之日起,大学生群体就被赋予了特定的角色内涵,他们是国家和社会的希望和未来,他们身上被赋予了更多的社会期待,承担了更多的社会责任,这些责任和使命随着时间的推移逐步内化为群体的角色特征和文化特质,形成大学生群体独有的特殊本质和价值追求。总之,

大学生核心价值观作为青年大学生群体的一种共同意识和价值共识，反映的是作为主体的大学生群体这一特定社会角色的特殊本质和任务使命，揭示的是大学生群体自身的现实需求和生活经验。

二、大学生核心价值观是大学生共识性的价值追求和价值准则

大学生核心价值观是大学生群体共识性的价值理念，具体涵盖价值追求和价值准则两个基本层次，是现实性和理想性的统一。康德曾经指出，“人类的知性不可避免地必须在事物的可能性和现实性之间做出区别”，这充分揭示了现实和理想、实然与应然之间的区别与对立。一方面，大学生核心价值观根源于现实，是指导大学生群体当下现实生活的价值准则，具有现实性。价值反映的是主客体之间的满足关系，大学生核心价值观是大学生群体现实的价值生活的反映，体现大学生群体多层次、差异化的内在需求与价值选择，包容大学生群体对于现实的、实在的利益的关注，并力求正确地回答大学生学习生活中的现实问题，使大学生群体能适应现实生活。如果不包含这些低层次、基础性的价值要求和价值准则，不能解决现实生活中的实际问题，所谓的理想信念和精神追求就是一句空话。另一方面，它又超越于现实，反映大学生群体对个体及社会未来美好发展前景的追求和奋斗目标，具有理想性。“理想性”是一种对完满性、应然性、终极性尺度的追求，基于对现实的批判和反思精神，以理想关照现实、回应现实，为现实生活指明方向。大学生核心价值观不仅仅是对于现实的价值关系的简单概括，更是对于理想的价值关系的憧憬和描述，只有存在一种至善完满的价值目标与价值理想，我们才不会迷失自我，才能获得其存在的意义。当代大学生核心价值观是现实性和理想性的统一，“现实性”是我们生活的现实基础，只有具有充分的现实基础，才能兼顾不同成员的要求，赢得群体成员的接受和认同；“理想性”是对于现实的超越，只有彰显理想的力量，才能对其他价值观具有统领作用，才能引导大学生朝着更高层次的价值追求不断努力奋进。

三、大学生核心价值观是大学生群体价值高度自觉的产物

人的意识有自发和自觉之分，所谓自发就是指不受外力影响而自然产生，自觉则是指主体主动认识并努力践行。列宁指出：“‘自发因素’实质上无非是自觉性的萌芽状态。”人们认识事物的过程往往是从自发的、感性的认识开始，进而过渡到自觉的、理性的认识。这种自觉的、理性的认知正是人得以存在和发展的本质所在，是人区别于动物的主要特征。核心价值观首先是一种自我意识，是对个体或群

体自身的反思和确证,是价值主体对自己所处的价值关系的意识和感觉。它是人们对某种价值的认可和坚定,是主体的精神文化系统的核心,是人们的精神支柱,是精神生命的寄托物,是主体精神文化自觉建构的结果。从核心价值观的形成过程来看,就其理性认识的结果而言是自觉的,就其发生作用的方式而言又是自发的、盲目的。核心价值观作为由主体的意识建构起来的精神世界,是主体的思想观念与生活实践互动生成的结果,是主体发挥人的主观能动性和从事实践活动的潜能去反思和创造的过程。从价值意识到价值观念再到核心价值观,是一个自发性越来越小、自觉度越来越高的过程。价值意识是相对感性的、不稳定的,到了价值观念的阶段,理性成分和稳定程度逐渐提升,而核心价值观是主体价值系统中最稳定、最基础、最核心的部分,是价值主体自觉的、主动的价值理想和价值追求的集中体现。核心价值观是主体自觉的价值认知和价值追求,是价值主体有意识、有目的地把对价值关系的感性认识上升为理性认识的过程,是价值主体按照某种标准和规则对自身价值观念进行转化、整合和提升的过程,主体对于自身核心价值观的最终确立应该是有着清醒认识的。核心价值观的自觉既根源于人们对自身各种利益需要的评判和自觉,又根源于人们自我意识的自觉改进和塑造。概括起来,核心价值观的自觉体现三个方面的特征和要求:一是价值主体自觉意识到核心价值观的重要意义和特殊地位;二是价值主体深刻把握价值关系和价值现象的本质和规律;三是价值主体有意识地运用对于价值世界的规律性认识来改造社会、改造世界。总的来讲,自觉是意识发展的高级形态,是以理论的形态来揭示事物的发展规律和本质属性,自觉性是核心价值观的一个重要属性。只有达到自觉,个体才能在认识事物本质和规律的基础上,科学对待各方面利益需要,分清不同层次、不同方面利益需要的性质、内容和实现优先性,才能不断矫正自我意识,使之既符合自我利益需要,又符合现实具体条件,进而形成正确的价值观念体系。

四、大学生核心价值观是社会核心价值观在大学生群体内的延展和体现

作为社会主义核心价值观的重要组成部分,当代大学生核心价值观首先反映的是社会主义核心价值观的全部内容和精神实质,也体现社会核心价值观在这一特定群体内的特定要求。总的来讲,社会主义核心价值观与当代大学生核心价值观之间的关系是一般和特殊的关系。从性质上来讲,社会主义核心价值观同时关照时代和全体人民大众的现实需求,涵盖了社会各个阶层的不同群体,是社会总的价值追求,是绝大多数社会成员价值诉求的综合和提炼,是揭示社会主义最本质的永恒的精神要素,具有较强的包容性和广泛性;当代大学生核心价值观作为大学生群体在特定的生活实践中形成的核心价值观念,只涵盖和代表本群体的利益和追

求，虽然在总的方向和框架上会与社会核心价值观相一致，但是其根源还在于群体利益的最大化，带有一定的针对性和特殊性。大学生核心价值观是构成社会核心价值观的基础，社会是由诸多群体组成的，社会核心价值观首先来源于每一个群体对于价值关系的共识性理解和认识，尽可能合理地体现不同群体的价值诉求。社会主义核心价值观作为社会意识形态的本质体现，是社会主义政治文化建设的根本，是处于主导和统治地位的价值观。群体虽然有其相对独立的存在方式，但本质上是不能脱离社会存在的，学生虽然生活在校园相对封闭的环境中，但校园也处于社会大环境中，通过教育引导，一定社会的核心价值观会转化为群体的核心价值观。社会核心价值观念要想发挥作用，就要为人们所接受、所认同，否则就会失去其存在的社会基础。与此同时，对于大学生群体而言，他们在客观上也的确需要社会主导价值观念和规范的引领和关照，特别是社会主义核心价值观念代表着的是一种先进的科学的世界观和方法论，是大学生群体超越自身群体和个体意识的局限性，避免受到多元文化和错误思潮侵袭，实现思想意识超越和发展的理论依据和基础。因此，要坚持不懈地用马克思主义武装大学生，不断用社会主义共同理想、共产主义最高理想教育大学生，超越现有的实然性的认识，坚持用理想信念塑造学生的灵魂。要帮助大学生确定马克思主义和共同理想在人的精神世界中的核心地位，认清其对于个人发展和社会进步的重要意义，自觉地把个人的理想和追求融合到中国特色社会主义现代化建设中。总之，社会主义核心价值观念和价值规范对大学生核心价值观具有导向和引领作用，大学生核心价值观必然反映了社会普遍价值追求和价值共识，内涵了社会核心价值观的精神实质和基本内容。

总之，大学生核心价值观是大学生群体所共有的价值选择和文化体验，是大学生群体独有的精神气质。

第三节　大学生核心价值观的结构

作为指导大学生思想行为的价值理念总和与大学生群体把握客观世界的理性形式，大学生核心价值观是一个层次清晰、要素繁杂的结构谱系，它反映的是大学生的成长发展与社会发展的互动关系的内在本质。大学生核心价值观的结构可以按照大学生群体生活实践中所遇到的这两种核心的价值关系进行分类，即一种是个人对他人和社会的价值关系，另一种是个人对自我的价值关系。

基于这两个主要关系，笔者认为，大学生核心价值观集中体现为两个基本的内涵范畴，即指向个人“成长”层面的价值取向和指向社会“责任”层面的价值取向。

其中,“成长”是自我价值实现的程度,是指大学生在处理个人与自身关系过程中的核心价值理念;“责任”则是个体对于社会和他人的意义,是学生在处理个人与社会、与国家、与他人之间关系过程中的核心价值理念。目前,关于大学生核心价值观的内涵,很多学者试图通过凝练来表达,凝练的目的往往是为了更好地进行教育和宣传,是在教育实践层面对于大学生核心价值观的个性化解读。但是,笔者认为,更为重要的是深刻揭示大学生核心价值观的内涵范畴,虽然现有关于大学生核心价值观的凝练和表达的方式多种多样,但是其内涵却是不可改变的。

一、“成长”的内涵

在《汉语大词典》中,“成长”一是指长大;长成。二是指向成熟的阶段发展。“成长”是生命的基本属性,是人从自然人转变为社会人的途径,“人直接地是自然存在物。人作为自然存在物,而且作为有生命的自然存在物,一方面具有自然力、生命力,是能动的自然存在物;这些力量作为天赋和才能,作为欲望存在于人身;另一方面,人作为自然的、肉体的、感性的、对象性的存在物,和动植物一样,是受动的、受制约的和受限制的存在物,也就是说,他的欲望的对象是作为不依赖于他的对象而存在于他之外的。”因此,人的成长不仅仅是天然的、自在的“成长”,同时也接受社会的教化和影响,具有历史和文化的内涵。从某种意义上来讲,人的成长贯穿生命的全过程,虽然人的生命体征到某一阶段就已经基本成熟和稳定,但是人的精神世界却是在教育环境的影响下不断进行着自我更新和自我完善。大学阶段是人的成长的一个特殊阶段,“成长”一词不仅包含大学生在其所处年龄阶段所表现出的生理与心理发展状况,也体现大学生群体共有的精神状态和精神领域的发展过程。大学生是正处在成长过程中的群体,他们思维活跃、可塑性强,处在社会化的关键阶段,是价值观的形成时期,他们的自我意识和成长成才的愿望强烈,追求人生意义和价值的最大化,可以说,对于成长和发展的需要和追求已经成为大学生日常思维和观念的主要内容。因此,我们认为,“成长”作为大学生核心价值观的主要内容和向度,是指大学生群体天然地具有追求“成长”的内在动力,如何增长个人才智,如何获得实现个人成长和发展的最大化是这一阶段大学生群体的核心理念。一般来讲“成长”更多地被理解为一个特定的发展过程,而在本书中,我们将其理解为一个核心价值理念,即大学生主体对于“成为一个完整的人,占有自己的全面的本质”的价值追求。对于大学生个体而言,“成长”具体可以理解为三个层面的内容。一是学识的“成长”,学习是学生在大学期间的首要任务,大学生的学习状况和学习效果不仅仅制约着自身未来的职业发展方向,更决定着其贡献社会的能力和水平。早在19世纪70年代,美国预言家阿尔涅·托夫勤就指出:未来的文盲不再是目不识丁的人,而是那些没有"学习能力"的人。由此可见,"学习能力"是未来社会人类要具备的头等本领,是大学生适应未来社会发展、技术进步的基础和条件,是大学生能力素质的核心。衡量大学期间学生学习成果的不仅仅是学生的学习成绩,更重要的是一种学习能力的培养和学习习惯的养成,是大学生能否综合驾驭各种学习方法和途径,能否在实践中不断拓展自身知识体系,发展自身的实践能力和创新能力。二是德性的"成长",德育在我国一直属于各项教育的首位。古人讲"修身、齐家、治国、平天下",我们这里讲的"德性"就是个人"修身"的部分,是学生个体参与社会生活的前提基础,是公民道德建设的重要组成部分,是社会文明发展的重要标志之一。德性的成长是个体精神家园建设的重要部分,是个体获得幸福的重要的内在品质。大学生正处在道德感、成就感、美感等高级情感的迅速成熟期,他们的成长更多地指向自身的精神世界,指向个体精神上的成熟。三是理想的"树立",大学阶段是个人理想追求不断确立的关键时期,大学生核心价值观不仅仅指导学生当下的学习生活,更应能指导大学生未来的成长发展,指导学生形成科学合理的个人理想,并为实现理想而不懈努力。

二、"责任"的内涵

对于大学生群体而言,他们不仅要关注个人的"成长",同时也要主动承担角色所赋予的"责任"。根据《汉语大辞典》的解释,"责任"的含义有三:一是使人担当起某种职务和职责;二是分内应做的事;三是做不好分内应做的事,因而应该承担的过失。简言之,任职、分内事、因过失而受查处是责任的三层基本含义。康德指出,"责任就是由于尊重规律而产生的行为必然性"。恩格斯也曾对责任做过论述,他认为:"作为确定的人,现实的人,你就有规定,就有使命,就有任务,至于你是否意识到这一点,那都是无所谓的。"联系《汉语大辞典》释义,我们应当注意到两点,一是责任包含着社会评价因素,具体体现为社会成员对责任主体的社会评价和责任主体的自我评价;二是责任在本质上属于关系范畴,责任是人在处理各种,比如人与人、人与社会以及人与自然等关系中必然形成的使命与任务。因此,从社会历史的范畴来讲,责任作为我们在社会生活中所承担的任务和使命,是特定社会结构对于个人的角色期待,具有深刻的社会伦理意义;同时对于个人而言,责任也是一种美德和品质,是主体思想素质的一个核心和基础要素。大学阶段个体角色意识、责任意识逐步明晰,在不断社会化的过程中,大学生群体已经逐渐告别了幼年时期被照顾、被养育的阶段,而是开始主动肩负个人、家庭和社会的责任。总的来讲,“责任”是大学生群体对于自身角色所承担的责任和使命的一种自我意识和自觉追求。作为大学生核心价值观的一个重要内容和向度,“责任”被赋予了更多的政治内涵,大学生群体肩负着社会主义建设事业的责任使命,只有勇于承担责任,才能成为合格的建设者和接班人。当然,“责任”并不仅仅包含这一个层面的内涵,还包括以下几个层次:一是对国家的责任,大学生群体是国家未来的建设者和接班人,承担着建设祖国的责任和使命,要自觉维护国家安全,为国家的繁荣昌盛贡献自己的力量。二是对家庭的责任,即个体对于家庭所持的观点、态度或信念,体现了个体对于家庭和社会的责任感,具体表现为尊敬长辈、孝敬父母等。大学生不仅要在社会中做一个好公民,在家里面也要尽力扮演好自己应有的角色,承担对家庭的最基本的责任,即孝敬恭谦。《孝经》中有言:“夫孝,德之本也,教之所由生也”。这就是说孝是一切道德的根本,也是一切教化的来源。三是对社会的责任,即大学生对于社会发展的理想设计和努力践行,以及对于社会中每个他人在心理和感觉上对其他人的伦理关怀和义务。最后,还有对于自然界的责任,对环境负责,是人类社会赋予每一个人的神圣使命,大学生群体同样应当坚持人与自然和谐相处的价值理念,秉持勤俭节约的良好习惯,并积极投身环保事业。

在大学生核心价值观中,“成长”与“责任”是辩证统一的。一方面,成长意味着大学生对自我价值和社会价值的思想认识趋于成熟,并逐渐具备了相应的能力素质,这是个体承担家庭以及社会责任的基础,也就是说,只有个体得到健康成长才能有资格和能力承担相应的责任。另一方面,处于社会关系中的大学生群体在主体成长过程中必然受到社会现实环境、社会历史条件、社会生活规则的制约,因而客观上必然要承担和履行一定的社会义务和社会职责,这些责任也是大学生在成长过程中的基本动力和目标,大学生成长的动力来自于历史条件、社会环境和社会生活对大学生自身发展的客观要求,而大学生的成长过程也是通过承担和履行责任的形式实现的。人就是在不断履行责任的过程中逐渐成熟起来的。有无责任理念是大学生是否实现自由、全面发展的重要指标和条件。人“是一切社会关系的总和”,大学生的全面发展只有在与他人、社会的交往中才能实现。大学生只有在为人民服务的实践活动中,不断发展主体性、增强责任观念、提高劳动能力、丰富社会关系,才能全面推动自身的自由全面发展。大学生的责任价值观,体现了大学生在处理权利与义务、贡献与索取、自我价值与社会价值关系上的自觉与成熟。如果说“成长”一直以来都是青年群体的价值主线,那么责任则是一个重要的时代命题。当今时代是一个责任的时代,价值多元、利益主体多样的事实使得人们的自我意识高度膨胀,而他们的社会责任意识却被无形中消解,因此,培养人们的责任意识,已经成为当今社会发展的一个重要主题。

第四节 大学生核心价值观的特征

大学生核心价值观既是社会主义核心价值观的组成部分,同时又有鲜明的自身特点,体现着大学生群体的精神特征和文化特质,是大学生群体的社会本质和主体性的充分体现。归纳起来,大学生核心价值观主要表现为以下几个方面的特征。

一、以自我实现为基本追求

“自我实现”是马斯洛需要层次理论中的最高层,是自我认知、自我规划、自我完善和发展的成长过程,是主体自我价值和社会价值的实现。“从人的人性中可以看出,人总是不断地寻求一个更加充实的自我,追求更加完善的自我实现”,自我实现是每个个体成长发展过程中的必然的、客观的要求,是个体成长的动力源泉,是人的主观的价值需求意识转化为客观现实的过程。追求实现性是当代大学生群体核心的价值取向,一方面,大学时代是个人成长发展的关键时期,大学生群体的身体各器官系统已经基本达到成熟水平,身体和心理素质不断提高,正是个体生理、心理和社会等方面继续发展并趋向成熟和稳定的时期。处于这一阶段的大学生群体,自我意识的充分发展必然引起学生们进行积极的深入的自我探索,高层次需要特别是实现自我的需要愈加强烈,他们开始关注自己的社会角色和地位,关注自我价值的实现和个人成长空间的拓展,自我实现的价值取向也日益明晰起来。另一方面,现代社会借助于各种外部的刺激和诱惑对学生们传递着自我实现、自我奋斗的价值取向。受到社会政治经济文化迅猛发展的影响,这一代大学生群体比以往具有更强的主体意识和危机意识,他们不仅仅希望在未来的社会中得到一席之地,甚至在大学期间,也希望通过个人的努力,通过政治参与、自主创业、学术交流等方式参与到社会生活之中,敢于在激烈的竞争中展示自我,希望能够通过努力不断地确证自我,并获得更多人的认同和接受。自我实现的价值观念能够激发学生积极向上的潜能,帮助学生实现自己的人生目标,获取相应的物质财富和精神幸福。

关于自我实现,理论界充满了各种分歧。有学者认为,自我实现的价值取向是指向个人的、自我的,个人价值本位是自我实现的基本特征。萨特也曾指出,自我实现是“听任”自我非理性进行的价值选择,“你是自由的,所以你选择吧——这就是说,去发明吧。没有任何普遍的道德准则能指点你应该怎样做;世界上没有任何天降的标志”。但是,从本质上来看,自我实现的价值取向并非脱离社会、脱离实践，我们这里讲的自我实现，是社会价值和自我价值同一的实现过程。马克思曾经指出，共产主义是以“每个人的全面而自由的发展为基本原则的社会形式”，只有共产主义社会才是“个人的独创的和自由的发展不再是一句空话的唯一社会”。也就是说，人的自我实现和全面发展不仅仅是人的自我意识或思想情绪的产物，而是要依托于实践、依托于可经验的现实社会改造，而共产主义社会的终极目标就是充分调动每个人的主观能动性，实现每个个体的自我价值的实现和发展。从某种意义上说，自我价值具有一定的逻辑合理性，自我价值取向是自我实现的逻辑起点，主体更多地从自我价值需求以及客观事物的属性满足自我需求的程度出发进行价值目标的判断和选择，但是，这种判断和选择并非纯主观的，而是建立在对于“自我”和“社会”的理性认识的基础上的，建立在对于社会价值和自我价值的关系的权衡协调的基础上的。因此，自我实现作为大学生核心价值观的主体定位，固然是从主体的需要和特点出发进行自我设计和自我发展的过程，但这种自我实现具有较强的社会性，是大学生群体在长期的社会实践过程中形成的将自我价值和社会价值统一的价值取向，是将社会发展作为自我发展的前提和条件，在推动社会价值实现的过程中实现个人的自由全面发展的核心价值取向。

二、以发挥先锋作用为价值指向

大学生的先锋作用表现为对新思想、新事物反应的敏感和追求以及付诸行动的率先。因此我们经常将大学生群体定位为“时代的先锋”，是推动历史发展和社会进步的重要力量。毛泽东同志曾经指出：“青年是整个社会力量中的一部分最积极最有生气的力量。他们最肯学习，最少保守思想，在社会主义时代尤其是这样。”一直以来，大学生群体的价值观总是走在社会价值观的前列，对于其他社会群体价值取向具有先导和引领作用，代表了未来社会和时代发展的价值观念和意识。与成人群体相比，大学生群体更少传统思想的束缚，更多对于未来的憧憬和向往，加之大学生是高知群体，具有较强的追求价值进步的理想力量和求索精神，也必然更能站在时代前沿反映时代精神的风貌，把握观念发展的方向，能够掌握并引领先进文化的方向。从历史上来看，五四运动中，民主与科学的价值取向和革命精神就是先从青年学生中孕育提出，之后，中国近代社会的先进思想和价值观念、马克思主义的理论、科学救国的思想等等都是由青年学生群体率先接受、提出和传播；改革开放初期，也是大学生群体首先发起关于价值观念的大讨论，引发了人们对于新的价值理念的实践探索，这些事实充分彰显了青年学生的价值观的先导性。

新时期，大学生群体价值观念的先锋性不仅仅表现在他们对于旧事物、旧制度的批判和重构,更融入了新的时代元素,以彰显时代精神追求和精神境界为特质,成为一个时代最为鲜活的元素,始终表征着时代的精神实质,代表着时代的发展方向。首先,大学生核心价值观的先锋性表现在他们对于知识增长和科技进步的价值追求。新时期,国家和社会的发展更大程度上依赖于科学技术的进步和发展,大学生群体作为高层次专门人才,领衔科学发展和技术进步是其价值取向的重要内容,是其先锋性的最新体现。其次,大学生核心价值观的先锋性表现在他们对于经济建设和社会发展的积极探索。大学生群体是未来社会的主要建设者,是经济社会改革发展的实施者和推动者,其先锋性也更多地体现在积极参与现代化建设的进程中。再次,大学生核心价值观的先锋性还表现在他们的世界眼光,体现在他们自觉学习、吸收、选择现代文明的优秀成果,保持自身文化的先进性。此外,作为时代精神的核心,"创新"也成为大学生核心价值观先锋性特征的一个重要体现,创新就是摆脱既有思维框架,创造新观念、新产品的过程,大学生群体推崇创新、追求创新,具有以创新为荣的观念和意识,对于社会变革发展具有较强包容性,并在不断的成长发展的过程中也在不断探索新的价值理念,搭建新的价值框架。近年来,虽然随着大学生群体规模、结构的不断变化,大学生的角色地位也从传统的"精英群体"向"平民群体"不断转变,但从总体上看,作为"社会文化先锋"的群体角色意识和价值取向并没有从根本上消失殆尽,而是依然指导青年学生或超越,或反叛,或以新的表达方式在推进社会文化变革的过程中发挥自身的先锋作用,彰显价值观的先导作用。

三、以政治责任为本质要求

政治责任是指大学生核心价值观以一定的阶级关系为依托,以一定的阶级理论为指导,体现统治阶级的利益和社会意识形态的本质要求。大学生群体作为国家未来社会的建设者和接班人,无论是从国家培养人的角度,或是从自身角色、责任和使命的角度,都具有浓厚的政治色彩,这也决定了其核心价值观的生成与构建过程中,必然更多地受到社会意识形态的影响,呈现出鲜明的政治性特征。政治性是大学生群体作为未来社会的建设者和接班人必须坚持的重要价值定位,大学生核心价值观是大学生群体在社会主义核心价值体系指导下所形成的价值观念体系,集中反映了我们党和青年大学生的特殊关系,意识形态属性、政治属性是其根本属性,也就是说,大学生核心价值观理应体现社会主义社会对于大学生群体的思想政治素质要求,体现大学生为社会主义现代化建设服务的政治使命和任务。毛泽东同志在《关于正确处理人民内部矛盾的问题》一文中指出:"不论是知识分子,还是青年学生，都应努力学习，除了学习专业之外，在思想上要有所进步，政治上也要有所进步，这就需要学习马列主义，学习时事政治，没有正确的政治观点，就等于没有灵魂。”邓小平同志在1978年进一步指出：“学校应该永远把坚定正确的政治方向放在第一位。”新时期，党的十七大报告明确指出，要“坚持育人为本、德育为先，实施素质教育，提高教育现代化水平，培养德智体美全面发展的社会主义建设者和接班人”。党的十八大报告进一步强调：“要坚持教育优先发展，全面贯彻党的教育方针，坚持教育为社会主义现代化建设服务、为人民服务，把立德树人作为教育的根本任务，培养德智体美全面发展的社会主义建设者和接班人。”由此可见，传递主流价值观念，培养学生的思想政治素质，始终是我国高等教育的一项重要内容，而大学生核心价值观在这种主导意识形态的教育引导和渗透下，必然形成以社会主义和共产主义理想信念为核心内容的价值取向。

此外，大学生群体本身也具有一定的政治诉求，其核心价值观的政治性特征还体现在他们能够主动地参与到政治生活和政治服务之中，自觉保证国家政治利益的价值取向。大学生群体最具政治敏锐性、具有强烈的政治热情和政治参与意识，他们是成长中的政治人，是具有一定政治意识的社会群体，对于政治生活的期待和追求是他们成长中的重要价值取向。新时期，大学生核心价值观的政治性也不再体现为极端的阶级斗争，而是更多地体现为在大是大非面前的坚定立场、自觉维护社会和谐稳定的精神品质，体现为志愿服务、奉献社会等勇于承担社会责任的价值取向。很多大学生自发组成志愿服务队深入社会的各个角落奉献自己的爱心和力量，北京奥运会、汶川地震期间，大学生群体勇于承担社会责任，以实际行动回馈社会，推动社会的进步发展，这些都是大学生群体对于党和社会的殷切期望的全面回应。总之，政治性是大学生核心价值观的重要特征，大学生核心价值观必然集中体现中国特色社会主义制度和现实对大学生群体思想政治观念体系的本质要求。

四、以为进入社会做好准备为主要任务

大学是一个过渡阶段，这一时期的青年正处在从大学生身份向某一特定社会角色的转变过渡之中，其社会角色尚没有完全确定，这也决定了其核心价值观也具有一定的过渡性。从一般意义上来讲，我们常常将“过渡”理解为从一个阶段到另外一个阶段的发展变化过程中的中间状态，也就是说，大学生核心价值观还没有完全定型，正在经历一个不断优化、走向完整和成熟的过程。

这一阶段的大学生核心价值观具有两个主要特点，一是不稳定性，即容易随着客观环境的变化而处于不稳定状态，波动性比较大；二是开放性，即大学生核心价

值观是一个开放的体系,能够不断容纳新的时代精神和价值准则,这也决定了大学生群体具备角色身份转换的潜力。

大学生核心价值观属于某一特定年龄阶段群体的价值观,大学生走出高校步入特定的职业群体还要继续不断地学习内化新的职业价值准则和诉求,使其核心价值观能够进一步适应国家社会和特定职业的要求。作为特定年龄群体的核心价值观,大学生核心价值观不同于某一职业的核心价值观,特定职业的核心价值观是以职业道德素质要求为核心,反映这一职业的本质属相和主要任务,体现职业群体共有的意志品质和价值系统,具有相对的稳定性和职业特殊性。大学生核心价值观则体现了大学阶段对于大学生群体价值取向的核心要求,是大学生群体在长期的实践生活中的经验积累和文化积淀,反映大学生群体对于自身角色特征、责任使命的自觉程度,具有一定的过渡性和年龄特殊性。

虽然大学生核心价值观具有一定的过渡性,但却实实在在为其一生奠定基础。大学生群体是影响未来社会发展的建设者和接班人,大学阶段确实是客观存在的人生阶段,而且是个体成长和价值观形成的关键阶段,不管大学生离开校园后进入哪一职业群体,都将成为国家社会建设的中坚力量,都需要形成与社会主导价值观念相一致的价值取向。可以说,特定职业的核心价值取向要以青年学生阶段的价值取向为基础,进而丰富职业内涵。同时,大学生核心价值观的可塑性远远大于其他社会群体,帮助他们确立崇高的理想信念对于其一生发展都具有重要意义和价值。因此,我们更加需要慎重对待学校生活中的细节特别是价值观的引导,进而为学生未来的职业发展和价值实现奠定基础。

第五节 大学生核心价值观的功能

所谓功能是指“事物或方法所发挥的有利的作用”。大学生核心价值观作为大学生价值观体系的核心,对广大青年学生具有强大的凝聚力和向心力,是大学生群体得以存在、发展的重要精神文化基础。

一、群体分野的重要依据

社会生活究其实质而言是以群体形式进行的,人们总是生活在不同规模与类型的社会群体之中,这种多样化的社会群体生态既塑造着丰富多彩的人类行为,也满足着人们的各种需要,正如荀子所言:“人生不能无群,群而无分则争,争则乱,乱则离,离则弱,弱则不能胜物。”简言之,群体有广义和狭义之分,广义上的群体是指

"一切通过持续的社会互动或社会关系结合起来进行共同活动,并有着共同利益的人类集合体"。狭义上的群体是指"由持续的直接的交往关系联系起来的具有共同利益的人群"。但无论广义上还是狭义上的社会群体,都具有需要可以与其他群体区别开来的共同特征,包括明确的成员关系、持续的相互交往、一致的群体意识和规范、系统的分工协作与一致的行为能力。但是,随着经济社会发展特别是人类进入信息化、全球化时代,社会群体之间的边界越来越模糊,群体间划分标准也越来越主观而抽象。事实上,人类向来重视对社会群体边界划分问题的探究,但从一开始就形成了较为主观的划分方式。在西方科学主义的视野中,划分社会群体边界也是社会治理的必要前提,只是他们更强调群体划分的原则应依赖于群体成员与群体以及群体与社会整体的关系,同时,他们认为:"无论人类怎么划分社会群体,这种区分都不可能彻底完成,更不会形成固定的、边界清晰的社会群体格局,这就是萨义德说的群体不是自然或天然的实体,而是被建构出、制造出,甚至在某些情况下是被捏造出的实体。"在现代社会,日益复杂的社会交往和实践活动现象,使社会群体之间的界限更趋模糊,有些社会成员甚至到了无法归类的地步,社会群体划分的难度越来越大。于是,后现代学者们提出了"模糊种类"的概念,如卡尔·雅思贝尔斯就曾指出现代群体"模模糊糊、如梦如幻、忽此忽彼、忽来忽去、忽组忽解",卡尔·波普尔也认为:"一个封闭的社会相似于一群羊或一个部落,其中各个成员由于有着半生物学的联系,即同类、共同生活、分担共同的工作、共同的危险、共同的欢乐和灾难而结合在一起;一个开放社会则丧失了有机体的性质,是一个抽象的社会,人们不直接接触,通过信件和电报互通消息,加入工会也不过是持有会员证和向一个不认识的秘书交纳会费而已,人有社会需要,但在一个抽象的社会中这些需要不能得到满足。"当此之时,人们对社会群体的划分,开始超越物质或时空的限制,而开始更多地依赖于群体的精神内核或者说是群体的"魂",这种"魂"是群体内部联系的纽带,也是其在社会实践活动中外显性的共同物质符号,还是其内敛性的共同精神追求,也就是我们所说的"群体核心价值观"。

在这个意义上,我们可以说,大学生核心价值观是大学生群体得以存在并同其他社会群体区别开来的"魂",是大学生群体实现内部联系并凝结为统一整体的精神纽带,也是大学生以群体的身份参与各种社会实践活动的外显符号,更是大学生群体共同的、内敛性的价值追求。按照这一标准,我们可以说,大学生群体是区别于军人群体、工人群体、农民群体、公务员群体等其他社会群体的次级群体,这种次级群体虽然不是通过明确的规章制度所结成的具有清晰层级与合作关系的社会群体,但是却基于共同的价值标准、价值目标和价值系统所形成的社会共同体。按照这一标准,我们可以从更为广阔而深层次的角度,来审视大学生群体的凝聚力问题,可以发现,大学生群体之所以能在各个时代发挥生力军作用,归根到底是因为他们有着其他因着血缘、业缘、地缘、趣缘等结成群体所不具备的强大凝聚力,这种凝聚力来源于大学生群体对本群体核心价值观的高度认同,来源于大学生群体所具有的较为同质的心理体验和道德衡量标准,来源于大学生群体依据共同的价值标准对现实社会评断及对未来社会的预期,来源于大学生群体按照共同价值标准所确立的实践行为方式和行为目标。综上,大学生核心价值观是大学生在群体归属、基本属性、社会作用、行为规范等方面,区别于其他社会群体的重要依据。

二、角色确立的重要基础

所谓社会角色就是与人们的某种社会地位、身份相一致的一整套权利、义务的规范与行为模式,它是人们对特定身份的人的行为期望,它构成社会群体或组织的基础。每一个体或群体在特定的社会环境中都会具有相应的社会身份和社会地位,并承担一定的社会角色和社会职责,这就是个体或群体的社会角色。需要指出的是,任何一个群体的社会角色的确定和扮演,都是外在赋予与内在建构两种力量的共同作用。从外在赋予角度来看,社会角色是社会赋予特定群体思想、行为的预期,包括权利赋予、义务赋予和价值观赋予。权利赋予就是社会为正常运行赋予不同社会群体以不同的权利,使他们能够获取自身存在和发挥作用的条件;义务赋予与权利赋予相同步,是社会为正常运行赋予不同社会群体以不同的义务,使他们在享有特定权利的同时,为社会正常运行肩负和履行相应的义务,确保社会持续、良性运行;价值观赋予则是一种更为抽象和高层次的赋予,就是为了确保社会群体正确运用权利、积极履行义务,社会按照自身核心价值观要求,为不同社会群体赋予了各自不同的价值观预期,这些预期构成了这些群体与整个社会有机体实现权利和义务交换互动的价值基础,在这个意义上,可以说群体价值观是社会核心价值观在群体中的集中体现,是群体合理运用权利、积极履行义务的有力保证。大学生群体是社会结构中一个特定的角色类别,作为未来时代发展的主力军,是国家和社会的希望和未来,他们身上被赋予了更多的社会期待,承担了更多的社会责任,同时也分享了独特的社会核心价值观,所以他们常常能够在经济社会发展和社会核心价值体系建设构成中受到更多的关注并发挥更大的作用。具体来说,大学生核心价值观对于大学生正确扮演其社会角色具有三重基础性作用:一是大学生核心价值观是大学生社会角色确立的价值基础。任何一种社会角色都存在一个正确回答“我是谁”或“我们是谁”的角色认同过程,这个过程就是所谓的社会角色确立。大学生核心价值观帮助大学生正确认识和对待自身所扮演的社会角色,特别是正确对待自身所拥有的独特的社会权利,正确践履自身所肩负的独特社会义务,提高角色扮演的有效性。二是大学生核心价值观是大学生社会角色扮演的基本规范。在角色期望阶段,大学生核心价值观可以使大学生群体正确对待人们给予自身的各种社会期望,也使自己能对这一角色的行为有着更为自觉和科学的预期;在角色领悟阶段,大学生核心价值观可以使大学生对自身社会角色所需要的思想基础、道德水平、价值观念及所处环境都有一个相对客观正确的认识;在角色实践阶段,大学生核心价值观可以为大学生践行社会角色的方式、方法和途径进行指导和规范,增强角色实践的有效性。三是大学生核心价值观是大学生角色失调的"矫正器"。基于多种因素,大学生在角色扮演过程中往往会出现角色冲突、角色不清、角色中断甚至角色失败等问题,大学生核心价值观既可以使大学生能够正确对待这些情况,还可以使他们有效避免因上述情况所带来的种种负面体验和社会效应。

三、社会化的重要规范

所谓社会化是指"个体在与社会的互动过程中,逐渐养成独特的个性和人格,从生物人转变成社会人,并通过社会文化的内化和角色知识的学习,逐渐适应社会生活的过程"。社会核心价值观贯穿在社会文化、社会结构和人自由全面发展的始终,是社会文化延续创新的主线和方向,是社会结构维持和发展的基础和保障,也是人自由全面发展的主导和力量。大学生社会化是人类社会化的特殊形式,它既包括大学生群体的社会化,也包括每一个大学生个体的社会化。从影响因素来看,大学生社会化显然是家庭、学校、同龄群体的集合体。家庭教育、家庭环境是大学生个体社会化的开端,为其整个社会化过程奠定了基础,这是因为家庭教育和环境对于大学生个体的观念、心理和行为习惯具有潜移默化的深刻影响,使大学生天然居于某种特定的种族、阶层、宗教之中,使大学生个体的行为规范、心理特征、生活习惯特别是价值观带有了家庭所赋予的那种天然性特质。学校是大学生社会化的主要场所,它通过有组织有目的、系统化的知识、能力、情感和价值观教育,使大学生获得了后天社会化的知识和能力基础,并兼具了学校所传授的社会核心价值观要求。同龄群体是大学生社会化的主要依靠,因为大学生在各种统领群体中,往往可以以一种独立平等的姿态与他人交往互动,建立或废除某种人际关系,体验和扮演某种群体角色,并时刻受到同龄群体内部各种亚文化的影响和渗透,进而构成了大学生社会化的朋辈基础。从阶段上来看,大学生正处于社会化的青年时期,这是承上启下的重要时期,它上承儿童期,下接成年期,家庭在这一时期对大学生社会化的影响由儿童期显性的主要因素,变成了隐性的次要因素,而学校和朋辈群体在大学生社会化中的地位及作用逐步上升为首要因素。在这一时期,大学生开始越来越关注自我的角色和身份,“我是谁”“我将向何处去”日益成为大学生社会化的重要问题,而这些问题无一不与其价值观体系紧密相关。现今之所以出现那么多大学生社会化问题,“自我认同危机”之所以一再困扰大学生社会化进程,说到底就是因为大学生尚未树立科学的价值观体系。从内容上看,大学生社会化包括政治社会化与道德社会化两部分。政治社会化是大学生学习和内化某种政治文化特别是政治价值观,形成和完善自身政治立场和政治参与能力的过程。在这一过程中,大学生核心价值观对于大学生习得践行社会政治价值、养成政治立场、培育政治参与能力具有至关重要的作用。它是大学生评判、选择社会政治价值观的标准,也是确立政治立场的依据,还是政治参与能力的重要组成部分,规制和引导着大学生整个政治社会化进程。道德社会化是大学生学习和内化社会道德规范,形成自身道德情操的过程,在这一过程中大学生核心价值观对于社会道德规范的学习和践履,社会道德价值的内化和遵循,以及自身道德情操的培育和养成,都具有十分重要的意义,它是社会道德规范由集团性和意识形态性话语转变成个体性和普适性话语的基础,也是社会道德价值特别是核心价值观由潜隐性变成现实化的重要条件,还是个人道德情操养成的价值导向和实践规范。总之,无论是从影响大学生社会化的因素来看,还是从大学生社会化所处的特殊时期来看,抑或是大学生社会化的主要内容来看,大学生核心价值观都发挥着不可替代的规范性作用。加紧塑造培育科学的当代大学生核心价值观,是有力推动大学生社会化必须抓紧抓好的重要问题。

除了对于群体自身发展具有上述三个重要功能以外,大学生核心价值观作为社会精神文化心理的重要组成部分,作为社会核心价值观在大学生群体中的集中反映,对于社会文化发展和道德规范的确立也具有重要的支撑作用。作为一种拥有较为完备的知识结构、较为敏感的社会感知力和较为强烈的社会责任感的特殊社会群体,大学生的整体精神状态、生存体验、价值取向和伦理道德水平在当下这个以信息技术为核心的“后喻文化”时代,将对整个社会运行过程发挥越来越重要的影响和作用。在此意义上,我们说作为一代青年价值取向、道德状况、伦理规范集中代表的大学生核心价值观,也是社会运行的重要道德规范。

第三章　当代大学生核心价值观的理念

大学生核心价值观的形成归根结底取决于群体自身存在和发展的客观要求，同时也有赖于群体自身的精心构建。凝练就是构建的一个过程，是价值主体自觉的反思、概括、阐释自身核心价值观念的过程。近年来，学术界经常探讨的是“社会主义核心价值观的凝练”问题，即如何用相对简单、易懂的词汇去表达社会主义核心价值观，用以引领全国人民的思想文化建设。而要构建科学的社会主义核心价值观还需要我们了解掌握不同阶层、不同群体的价值追求，以此为内容和依据不断丰富和完善社会主义核心价值观的内涵。这是因为“社会是由各种行业、各种团体所组成的，一个覆盖全社会的价值观的实现必然要求各个行业与团体结合自己的实际，提出具体的价值观要求。”通过凝练大学生核心价值观，一方面，可以提升群体自身的价值自觉，凝练出来的核心价值观是大学生群体的价值意识经过理论化了的自觉形式，可以帮助我们进一步厘清当代大学生的角色内涵和时代特征，深化对大学生核心价值观的理性认知；另一方面，可以提升教育引导的实际效果，凝练出的核心价值观更为生动、直接，更易于在学生中传播，是核心价值观培育的一个有效形式。此外，大学生核心价值观的凝练也无疑有助于丰富社会主义核心价值观的内涵，为促进社会主义核心价值体系建设的深入发展提供有益的视角和条件。

第一节　当代大学生核心价值观凝练的现状考察

基于上述考虑，我们首先考察现有的学者们对于核心价值观的凝练情况，在此基础上面向大学生群体组织问卷调查，力求使我们的凝练建立在全面考察的基础上。

一、国内外大学生核心价值观凝练的文献考察

在西方，近二十年来价值教育是备受重视的。当然，“核心价值观”作为一个独立的概念自然是不存在的，但是，核心价值观教育的相关内容却始终体现在不同的教育形式和教育情境中。比如，中世纪世俗贵族教育就提出要培养学生具有勇敢、忠实、慷慨、坚贞、纯洁、礼貌、谦让和慈善的核心品质，这似乎可以被我们看作

是西方最早的核心价值观教育。当前,与核心价值观相类似和对应的概念,我们列举最为典型的两个词汇:公民教育和价值观教育。

在美国,公民教育和价值观教育由来已久,也争议不断。经历了 20 世纪 60 年代兴起的价值澄清理论和价值相对主义的影响,在 80 年代中后期美国重新掀起了品格教育运动,很多学者旗帜鲜明地提出了学校主导价值观教育的内容。1994 年《美国教育法案》明确规定:到 2000 年,所有的学生都要学习“公民和政府”课程,以便使他们具有负责任的公民资格。学者阿迪斯·瓦特罗认为,美国的德育除了传授一般道德规范和法律知识外,应该把任何时代和社会中的共同品质作为根本内容。“9·11”事件后,美国教育部部长罗德·佩奇在概括“9·11”事件的影响时说:“9 月 11 日使教育具备了前所未有的重要性。它使得提高学生成绩,培养年轻人的坚实品格和公民意识,改善教育研究质量等目标的达成变得异常紧迫。”芝加哥教育理事会就道德教育的内容提出了 10 条核心的价值标准,其中包括:关心、勇敢、谦恭有礼、公正、为家庭自豪、忠诚和诚实、善意和乐于助人、尊重、负责任和遵守劳动道德。美国纽约州立大学考特兰德学院发展与教育心理学家托马斯·里克纳(Thomas lichona)将核心品格概括为两个方面:其一,与他人相关的美德,包括公平、诚实、感激、爱;其二,与己相关的美德,包括忍耐、节制、勤奋、积极的态度、谦逊、智慧。吉布斯(Gibbs)和厄尔利(Earley)将核心品格概括为同情、勇敢、礼貌、公正、诚实、善良、忠诚、坚毅、尊重、负责等十个核心词汇。此外,日本则着力培养学生“团结、谦逊、诚实、善良、正直、礼貌、智慧、同情、合作”等核心品质。英国、韩国等国家也纷纷提出了学校核心价值观教育的基本内容,对学生群体所应具备的核心价值品质进行了概括。

澳大利亚学校教育的国家框架所倡导推行的价值内容包括以下九种价值品质:关心与同情(care & compassion),自由(freedom),责任(responsibility),正直(integrity),尽心尽力(doing your best),尊重(respect),公正(fair go),理解(understanding),宽容(tolerance)与包容(inclusion),诚实(honesty)与值得信赖(trustworthiness)。不同的学校根据自身情况,选取几种国家价值中的适当内容开展自身价值教育的实践。

新加坡在 1991 年 1 月 15 日通过了人民行动党政府提出的《共同价值观白皮书》,将共同价值观的内容定为:“国家至上,社会为先;家庭为根,社会为本;社会关怀,尊重个人;协商共识,避免冲突;种族和谐,宗教宽容。”“国家至上、社会为先”把国家和社会的利益置于个人之上,体现了新加坡在价值观取向上东方整体模式;“家庭为根,社会为本”强调了只有家庭稳固,国家才能凝聚力量;“社会关怀、尊重个人"强调了公民的个人权利,体现了对于公民的充分尊重;"协商共识,避免冲突",体现了对于国民团结的倡导;"种族和谐、宗教宽容",体现了求同存异、多元统一的价值取向。在这一"共同价值观"的引导下,新加坡教育设计了《好公民》课程,并概括了35个德目,如孝顺、手足情深、尊敬老师、守法、责任感、公德心,等等。同时,新加坡各高校纷纷围绕这一内容开展相关教育,并积极培养爱国、勇敢、善良等学生的核心品质。比如新加坡淡马锡理工学院在1997年推行了"品格教育"课程,重点向学生传递"廉洁、进取、毅力、尊重他人"的核心价值观。

在我国,自社会主义核心价值体系建设提出以来,就有学者凝练概括大学生社会主义核心价值观,党的十九大报告提出,要强化教育引导、实践养成、制度保障,发挥社会主义核心价值观对国民教育、精神文明创建、精神文化产品创作生产传播的引领作用,把社会主义核心价值观融入社会发展各方面,转化为人们的情感认同和行为习惯。我们必须以高度的政治自觉,切实抓好任务落实,推动社会主义核心价值建设取得新的更大进展。

总结起来,目前学术界关于大学生核心价值观的凝练,有如下一些核心词:马克思主义理论指导、共产主义信仰、中国特色社会主义信仰、爱国主义情感、集体主义精神、伦理价值基础、全面发展理想;爱党爱国、立身做人、勤学善思、立志成才、历练本领、立业为民;精于学业、善于创新、勇担责任、心怀感恩、志存高远;顺应时代、崇尚科学、追求真理;振兴民族、建设祖国、服务社会;尊师贵友、守法诚信、开拓创新;俭以养德、勤以重行、谦以修能;等等。概括起来,从凝练的内容定位上来看,大都定位于更高层次的引导型的价值准则。从凝练的方式上来讲无外乎两种:一种是根据社会主义核心价值体系的四方面的内容进行抽象概括;另一种是根据大学生群体的角色要求和核心任务进行概括。从内容涵盖的层次上来看,主要包括四个方面的内容:政治方面的要求,比如爱党爱国、振兴民族等;社会责任方面的要求,比如服务社会、勇担责任等;学习生活方面的要求,比如精于学业、历练本领等;理想追求方面的要求,比如志存高远、追求真理等。总体来讲,大学生核心价值观的凝练还未有相对统一的凝练原则和标准,还未形成共识性的理念内容。

二、当代大学生核心价值观凝练的现状调查

一方面,大学生核心价值观的凝练要关注指导学生成长发展的基础价值理念。对于大学生群体而言,价值观首先要管用,要能够在指导个人的学习生活和协调日常的人际关系上发挥作用,因此,与个体更为贴近的道德观、人生观的词汇就显得更为重要,如果大学生核心价值观的凝练忽视了这些基础的价值品质,则会失去其

在现实生活中的根基和支撑。具体而言，在道德观方面，要关注对于学生“修身立德”的引导，“正直”“诚实守信”“善良”“仁爱”等我国传统的道德词汇占据了主体，但是，我们也要看到“尊师贵友”和“见义勇为”等词汇的出现频次要远低于上述词汇。在人生观维度上，“勤奋”“创新进取”“自信自强”等排位靠前，表明大部分学生追求创新进取，人生态度积极向上。

另一方面，要重视对于大学生国族观和社会观方面的引导。从上面的词汇选择中不难看出，排位靠前的都是个人主义价值取向的词汇，对国家集体主义价值观念的认同频次反而较低。这样的调查情况在别的学者研究中也出现，杨业华在“当代中国大学生核心价值观研究”中也调研了“在个人与集体关系方面当代中国大学生核心价值观的现状”，得出七成以上的当代大学生仍然确立了集体主义价值观，能正确处理个人与集体的关系，但近三成的大学生在此方面观念模糊不清，甚至出现错误，跌入了个人主义的泥潭。因此，在凝练大学生核心价值观的过程中要更为强调对学生集体和国家情怀的引导，提升大学生价值观的层次水平，摆脱个人主义的局限。

第二节　当代大学生核心价值观的基本原则

当代大学生核心价值观的凝练还要兼顾一定的原则和要求，以形成既符合社会主义核心价值体系与社会主义核心价值观的精神实质，又彰显当代大学生群体的精神风貌和现实需求的核心价值观。

一、兼顾社会要求和群体特色

大学生核心价值观既要体现国家社会对于大学生群体的特定要求，同时也要彰显当代大学生群体的精神风貌和现实需求，是社会性与群体性的统一。

作为大学生群体社会角色的重要体现，当代大学生核心价值观理应全面回应党对大学生的殷切期望，反映党与大学生群体的本质关系。1938 年毛泽东同志在鲁迅文艺学院的讲话中提出，青年人要有“远大理想”；中华人民共和国成立以后，他多次提到青年人要“身体好、学习好、工作好”。1958 年毛泽东同志在《工作方法草案》中提出了“又红又专”的人才标准。邓小平同志在继承上述思想的基础上，于 1980 年 5 月 26 日给《中国少年报》和《辅导员》杂志的题词指出：“立志做有理想、有道德、有知识、有纪律的人，立志为人民做贡献，为祖国做贡献，为人类做贡献。”在 1992 年南方谈话中指出：“要注意培养人，要按照‘革命化、年轻化、知识化、专业化’的标准,选拔德才兼备的人进班子。”中共中央办公厅印发的《关于培育和践行社会主义核心价值观的意见》强调指出:要“坚持联系实际,区分层次和对象,加强分类指导,找准与人们思想的共鸣点、与群众利益的交汇点,做到贴近性、对象化、接地气”。这需要把核心价值观融入各行各业的实际工作,形成一种使各行各业工作与核心价值观建设同频共振、同向同行的强大正效应;把核心价值观融入人民群众的日常生活,使核心价值观宣传教育达到“百姓日用而不知”的效果;把核心价值观融入政策制度、法律法规的制定实施过程中,充分发挥政策、法规的导向和约束作用,形成真正有利于培育和践行社会主义核心价值观的政策支持和法律保障。

同时,大学生核心价值观作为大学生群体价值观,是当代大学生群体精神风貌的集中展现,须兼顾学生主体的客观实际与觉悟水平,反映学生主体在成长发展过程中的现实需求和主要任务,体现大学生群体自身的独有特征。大学生群体一直被认为是一个同质性较高的群体,他们具有相似的文化背景、成长环境以及成长需求,大学阶段的核心任务和主要矛盾是学习和成长,伴随着身体、心理的发育成熟,大学生群体的自我意识不断增强、自我实现的愿望不断膨胀,兴趣发展、个性发展、职业发展等一系列发展问题不断凸显,他们希望通过自己的努力和学习成为一个学有专长、独立的、具体的社会成员。大学生核心价值观也要以对大学生群体成长发展的特殊矛盾和实际困境的认识和把握为前提,能够体现大学生群体现阶段的主要成长任务,不然就会脱离学生,流于形式。

二、兼顾核心主导和包容多样

大学生核心价值观是大学生群体中占主导地位的价值理念,决定着主体价值体系的总方向,统率并约束其他处于非核心地位的价值观的存在和发展。正如社会主义核心价值观是理论性和实践性、主导性和多样性的统一,大学生核心价值观的凝练也应既体现价值性、超越性,又兼顾社会主义核心价值观在大学生中生根、发芽、茁壮成长的实践性、基础性。一方面,核心价值观首先要反映大学生群体最为核心、最为崇高的价值追求,反映大学生群体对于未来社会和自身发展的价值理想,突出理想信念的重要作用和指导地位。另一方面,大学生核心价值观又要能够包容多样性。大学生群体的价值观念体系是复杂多样的,按照不同的价值关系层次,我们将其分为主体与自然的关系、与社会的关系以及与自身的关系等等,即使是在同一个关系维度上的价值观念依然存在着多样化的不同的价值取向。因此,大学生核心价值观又要体现大学生主要生活实践领域和成长过程各个阶段、各个层次的价值目标,包容不同学生主体多样化的价值准则和价值追求。

从群体和个体意义上来讲,大学生核心价值观兼顾和反映了每一个学生个体成长成才的现实需要,包容了每个学生个体核心价值观的独特内容。大学生核心价值观是以群体形式展现的,集中表达社会对大学生群体的预期,反映了群体内部的身份认同和价值共识。同时,它又是以个体形式持有的,由每个个体的核心价值观组成,是个体价值观的综合体现,合理地体现了每个个体的利益诉求。也就是说,大学生核心价值观以个体意识为基础,又导向群体意识。个体核心价值观是指学生主体由于其特定的生活经验和独特的社会化过程而形成的心理上行为上的稳定取向,它决定着个体的意志、注意力以及智力的方向,是调节和决定个人行为动机的重要因素。相对于群体而言,个体核心价值观依附某个人而存在,与个体的认知水平、情绪情感和行为方式有密切的关系。大学生群体虽然具有较强的同质性,但是人的存在的既定差异也决定了不同个体之间不同的存在关系和行为方式,进而产生价值观念的差异。个体的核心价值观与群体的核心价值观并非始终保持一致,但始终在走向一致、走向统一的矛盾运动的过程中。黑格尔说,社会和个人的关系,就如同有机体与各分子之间的关系一样,有机体赋予各分子生命,各分子则赋予有机体活力。人既是个人存在又是社会存在,这决定了个人核心价值观、群体核心价值观之间相互转化的辩证关系。所以,我们这里所讲的大学生核心价值观为群体和个体所共享,群体核心价值观有赖于个体核心价值观的形成为基础和归宿,个体核心价值观以群体核心价值观为基本依据和方向,两者在辩证转化的过程中共同构成大学生核心价值观,并逐渐走向观念系统的完善和稳定,两者构成了一个互动和共享的价值视野。就个体而言,除了既包含社会主导的价值理念、群体共识的价值理念,同时也包含个体独特的价值追求,而个体独有的价值层即成为群体共有的价值意识的来源和基础,也受到群体和社会价值意识的导引和统摄。

因此,大学生核心价值观要想发挥引领和主导作用,统帅一般价值观和边沿价值观,既要体现其自身的先进性和科学性,又要能够包容和体现广大大学生群体多样化的价值诉求,是主导性与包容性的统一。主导性揭示了大学生核心价值观在整个大学生群体价值观系统中占据的地位和发挥的作用,包容性揭示了大学生核心价值观的内容构成关涉个体成员的范围及程度。

三、兼顾历史品格和时代精神

大学生核心价值观既要传承我国大学生群体自形成以来前后相继、一脉相承的文化特质和精神内涵,也要融入当今时代发展的主题和元素,从而实现历史性与时代性的统一。历史性揭示的是大学生在投入民族独立解放和国家建设过程形成的优良传统,时代性阐明的是现时代给大学生成长成才提出的崭新要求。

着眼历史,从五四爱国运动、"一二·九"运动中的学生主力到北京奥运会和汶川大地震中的志愿者,我国大学生都凭借其先锋性和创造性的精神特质,自觉担负国家兴亡、民族发展的重任,勇敢接受历史风雨的洗礼,形成了爱国主义、勇于担当等优良传统。虽然这些理念在新时期的呈现方式与以往有所变化,但是一直占据着相对核心的位置,发挥着导向作用,被作为这一群体特定的身份特征而被沿袭下来。可以说,没有继承的价值系统往往是盲目的、低效的,大学生核心价值观要传承和发展大学生群体在历史发展过程中所形成的优良品质。同样,没有发展变化的价值系统也往往是机械的、无生命力的,大学生核心价值观不应是封闭的、静止的、一蹴而就的,而应具有鲜明的现实选择性和时代性,并时刻处在更新和发展之中,使一些陈旧的不符合社会发展方向的价值观念不断被淘汰,而新的反映时代特征的价值观念不断形成、调整和补充。大学生之所以能够始终占领时代潮头,究其原因是由于大学生作为高知群体,正处在人生向上发展的关键阶段。他们思想敏锐、敢于开拓,具有很强的首创精神;他们追求真理、崇尚科学,能够掌握并引领先进文化的方向;他们憧憬未来、渴望美好,愿意为了社会的发展贡献力量。因此,相对于其他群体,大学生更能紧跟时代的步伐并且超越时代的步伐,进而推动时代的进步和发展,其核心价值观也应该具有能够引领其他社会群体的时代效应。大学生社会主义核心价值观的时代属性具体应该包括创新意识、实践精神以及开放意识等基本品质,尤其是创新意识。创新意识是新时期人才培养的重要特征,就是根据客观需要而产生的强烈的不安于现状,执意于创造、创新要求的动力。具有创新意识的人,能够不为传统习惯势力和世俗偏见所左右,敢于标新立异,想常人不敢想的问题,提出超常规的独到见解,善于联想,从而开辟新的思维境界。

总之,信息化浪潮风起云涌,以改革创新为主动力的知识经济时代悄然而至,重视学习、强调创新成为时代给当代大学生提出的新要求。大学生核心价值观既是这种历史传统的继承发展,又是时代特质的集中体现。

四、兼顾自上而下和自下而上

核心价值观的凝练一般有两种基本方式:一是自上而下;二是自下而上。所谓"上"是指国家政府等官方的政策指令;所谓"下"是指广大人民群众的思想观念和实践活动。所谓"自上而下"就是指国家的政策精神逐级传播进而转化为广大民众的思想意识的过程;所谓"自下而上",是指人民群众在实践过程中形成的观念体系逐级扩大,并为“上”所吸纳借鉴并提取,成为其政策指令的主要依据的过程。对于大学生核心价值观的内容凝练我们也采取这两种基本的建构方式,同时将这两种方式有机地统一起来,称为“上下结合”的建构方式。

大学生核心价值观是社会主义核心价值观的重要组成部分,是在社会主义核心价值观的关照下形成的,因此,对于大学生核心价值观的内容凝练理应体现自上而下的贯彻过程,反映社会主义社会对大学生价值观念的具体要求。自上而下的建构方式有优势,也有不足。一方面,自上而下的建构方式能够很好地传递国家的意志,引导群体和个体的价值取向。自上而下的建构方式总的来讲是当前我们主导的一种价值观教育方式,这种方式能够很好地解决目前我国发展过程中出现的价值观多样化而引发的价值观冲突,为广大人民群众提供了社会认可的价值准则,规范了个体的价值选择和社会的价值秩序,进而避免了价值多样化可能导致的价值观空白和误区。同时,自上而下是一种相对高效的建构方式,能够较快地帮助人们形成适应社会发展的价值观念体系,避免了人们不必要的价值选择和提炼过程。但另一方面,我们也要看到,自上而下的建构方式也存在一些弊端,由于自上而下的建构方式是由国家和官方主导,是从国家和社会的需求和利益出发对人们的价值观进行引导和重塑,这有可能会导致与个人既有观念和现实需求之间的冲突和矛盾,进而使个人产生一定的抵触情绪,影响观念的认同和接受。同时,自上而下的建构方式也不利于发挥人们在价值观构建过程中的主观能动性,制约人们思想活动的独立性和选择性。因此,要运用自上而下的建构方式就要最大限度地与人民群众进行广泛、充分的沟通,尽量全面地考虑到人们的现实需求和观念特点,减少“闭门造车”之嫌,真正做到“我们所给的就是你们想要的”,进而实现社会价值与个体价值的完美统一。

自下而上是指要以人民群众的价值观念为基础,不断地总结、吸收和升华群众的思想观念和实践经验,进而凝练价值观的核心内容。自下而上的建构方式需要国家提供价值观凝练的基本框架和平台,更需要广大人民群众的广泛参与。国家要通过机制拉动、鼓励广大社会成员参与到价值观的凝练过程中,而不仅仅是停留在价值观念的被动接受层面。同时,广大社会成员也要有参与价值观凝练的意识和责任,主动贡献自己的智慧和力量。总的来讲,自下而上的构建方式虽然能够广泛地调动人民的积极性、主动性,打破人们思想观念的单一、僵化和封闭的状态。但是,也有一定的局限性。首先,自下而上的建构方式必然会带来人们对现有价值体系的讨论,讨论本身必然会带来鲜活的智慧和思想,但同时也往往伴随错误的观念和狭隘的认识。受到认识水平和利益关系的制约,人们的价值观念存在较大差异,盲目地在群众中开展价值观的争议与讨论很可能导致价值观的冲突,进而陷入价值观的迷茫甚至混乱。因此,要注重在此过程中发挥关键人物的引领作用,“马克思主义认为,人民群众争取彻底解放的斗争不能没有自己的先锋队和领袖,就是说,人民群众必须有马克思列宁主义政党和无产阶级的革命领袖”,要让领袖人物在人民群众中发挥导向作用。其次,自下而上的建构方式要有一个相对较长的时间周期。自下而上的建构方式的第一步就是要引导民众实现对自己价值观的反思和自觉,这必然是一个相对漫长的过程,在此基础上对群众观念的筛选和升华也必然是一个争议较多的提炼过程。因此,总的来讲自下而上的建构过程是一个相对复杂的过程,需要我们在每个环节加以恰当地引导和规范,完全自发、自由的自下而上的建构过程是不可行也不科学的,甚至会走向误区。

单独的“自上而下”和“自下而上”的建构过程都存在一定的弊端,而两者的有效融合和统一是我们建构大学生核心价值观的最为有效的方式,这一点在我们党的路线方针中也有所体现。一切依靠群众,一切为了群众,从群众中来,到群众中去,这是我们党重要的方针路线。一切依靠群众、从群众中来,说的是我们党的政策观点要以人民群众的思想观念和实践活动为现实依据,要动员和发挥群众的力量,这体现了自下而上的基本理念;一切为了群众、到群众中去,说的是我们党的方针政策要以实现最广大人民群众的根本利益为目的,要以人民的接受认同为衡量标准,这体现了自上而下的基本理念。而这两者的统一就是自上而下和自下而上的统一。在凝练大学生核心价值观的过程中,我们一方面要尊重广大人民的价值需求和价值选择,动员人们通过深入的价值实践认真体会社会主义核心价值的本质内涵,吸收人们在价值观凝练建构过程中的丰富智慧和思想。另一方面,又不能够过分依赖于人们价值整合的力量,要通过有目的、有计划的价值引导和示范,不断修正人们在价值争论过程中产生的歪曲或错误的价值观念,进一步明确价值导向,进而在“上”与“下”的反复互动、磨合中建构社会主义核心价值观。只有这样形成的价值观才能揭示社会主义的本质,符合社会发展的客观趋势,才能真正契合人们的客观需求,真正转化为人们的精神特征并在实践中发挥巨大的指导力量。大学生核心价值观的建构过程应该是一个“上”“下”互动、矛盾统一的过程。在这一过程中,既要充分调动大学生的积极性、主动性,引导大学生有序地参加价值实践活动,进而归纳提炼适合个体需求和群体发展的价值观内容;同时也要注重发挥路线方针的导向性、示范性,对学生的价值实践进行不断的引导、修正和完善,在动员、吸纳、鉴别、提炼、升华的循环过程中,构建大学生核心价值观。

最后,在表述方式上,要兼顾抽象概括性和形象生动性。凝练大学生核心价值观的一个重要原因就是为了便于大学生群体理解、记忆并形成一些最为重要和关键的价值观念,将复杂的理论体系转变为简单的口号或语句进行宣传和推广,因此对于表述的要求就更高。大学生核心价值观是用来引导广大学生群体的思想境界和价值观念,一方面,要体现表述的逻辑性、抽象性、精炼性,尽量能够概括多个层次的价值内涵,概括我们所要表达的深刻思想和价值理论,体现大学生群体高知识高素质的群体特点。另一方面,又要选择大学生群体所能接受的、有着深厚群众基础的表述方式,增强语言的生动性和形象性,坚决杜绝生僻拗口、复杂烦琐的表述,从而使大学生核心价值观成为大学生群体喜闻乐见、耳熟能详、便于识记的新话语。

第三节　当代大学生核心价值观凝练的主要内容

在深入研究社会主义核心价值体系基本内容,系统梳理大学生价值观的相关文献的基础上,通过总结、提炼和升华,我们认为,当代大学生核心价值观可以凝练概括为"信念为魂、品学为本、创新为要、家国为基"十六个字。

一、信念为魂

"信念为魂"指的是理想信念在大学生核心价值观念体系中的灵魂地位。所谓理想是指人们对于未来的向往和追求;所谓信念是指人们对于某种观念抱有深刻信任感的精神状态。"理想"和"信念"都是价值观的重要组成部分,都是人们的一种精神现象和精神追求。"理想信念"最早被合二为一使用是在 1996 年 1 月 24 日江泽民同志在全国宣传部长会议上的讲话中说:"面对改革开放和现代化建设这场深刻而伟大的历史变革,全党同志必须在改造客观世界的同时努力改造主观世界,坚定社会主义、共产主义的理想信念,坚持全心全意为人民服务的宗旨,发扬为人民利益甘于奉献的精神。"之后,我们党的相关文件也开始出现"理想信念"一词。2004 年中央 16 号文件指出,加强和改进大学生思想政治教育的主要任务是"以理想信念为核心,深入进行树立正确的世界观、人生观和价值观教育"。至此,理想信念作为一个独立的概念在思想政治教育领域广为使用。理想信念作为一个新的复合概念,其内涵来源于"理想"和"信念",但又不是两者简单的叠加,而是"理想中的最高层次和信念中的最高形式的有机统一,理想信念既重视对未来的追求又注重对现实生活中秉持的信念的执着;理想信念中的理想不是指一般的理想,而是指人们所尊崇的社会理想,这里的信念是把崇高的社会理想作为信仰"。总之,理想信念既指向未来又立足当下,是核心价值观的重要组成部分,是人们价值系统的灵魂所系,理想信念一经形成,便会内在地决定着人们的生活态度,成为人们奋斗的强劲动力。每个人都有自己的理想信念,人们的利益需求千差万别,理想追求也就千差万别,特别是在多元思潮不断涌入的今天,大学生群体的理想信念日趋世俗化、碎片化,特别需要我们旗帜鲜明地进行社会主义理想信念的教育和引领,帮助大学生不断坚定自身的理想追求,自觉抵制不良观念的渗透侵扰。

在我国的政治语境中,理想信念主要是指"社会主义共同理想"和"共产主义远大理想",它是社会主义核心价值体系的重要组成部分,是我们党长期以来的精神动力。毛泽东同志曾经指出:"我们共产党人从来不隐瞒自己的政治主张。我们的将来纲领或最高纲领,是要将中国推进到社会主义社会和共产主义社会去的,这是确定的和毫无疑义的。我们党的名称和我们的马克思主义的宇宙观,明确地指出了这个将来的、无限光明的、无限美好的最高理想。"邓小平同志也曾经说过:"为什么我们过去能在非常困难的情况下奋斗出来,战胜千难万险使革命胜利呢?就是因为我们有理想,有马克思主义信念,有共产主义信念。"可见,"社会主义共同理想"和"共产主义远大理想"反映了最广大人民的共同愿望、利益和要求,是社会发展的共同远景和精神动力,是国家建设的基本方向和目标。在当今中国,只有坚持走中国特色社会主义道路的理想信念,才能团结一切可以团结的力量、调动一切可以调动的积极因素,顺利完成中华民族伟大复兴的历史任务。作为社会主义事业的建设者和接班人,大学生群体的理想信念是关系到我国社会主义乃至共产主义最终实现的关键。当前,受到经济全球化的影响,多元文化的思想交锋日益激烈,"资本主义和社会主义趋同论""民主社会主义""历史虚无主义"等观念和思潮不断涌现,使大学生的理想信念发生动摇,表现出对于马克思主义的扭曲认识,对坚持社会主义、共产主义道路信心不足,迫切需要加强社会主义共同理想和共产主义远大理想教育。我们要通过理想信念教育,使学生深入理解马列主义、毛泽东思想和中国特色社会主义基本理论,用科学的理论武装学生头脑,使理想信念建立在科学的理论基础之上。同时,要结合生活实际让大学生看到社会主义社会的优越性,引导大学生群体深刻理解并认同中国特色社会主义道路,认同共产主义是人类历史上最科学、最进步、最美好的社会理想,并将其作为自己的终极的价值理想和追求,成为自身成长成才的强大动力。

我们在这里所讲的"信念为魂"既包含了社会理想信念的树立,同时也关注了学生个人理想信念的实现。对于个人来讲,理想信念是关乎人的生命意义、幸福追求和价值实现的特殊存在方式。相反,失去了信念和理想,个体的生活必将陷入空虚和迷茫,失去了人生的根基和前行的方向。个人理想信念是学生个体依据自身的个性特点和社会的发展需求而形成关于自身发展的价值追求和奋斗目标,具体包含生活理想、职业理想、家庭理想等。个人理想信念和社会理想信念并不是矛盾的,而是相互依存、相互促进的。个人理想信念是社会理想信念的重要组成部分和基础,同时也以社会理想信念为指导,受到社会理想信念的影响和制约。以往我们的教育更多关注了人们的社会理想信念的塑造而忽视了学生个人理想信念的实现,致使理想信念教育陷入了"抽象""空泛"境地。因此,我们要将个人理想纳入理想信念的教育范畴,要承认生活、就业、家庭等方面的个人理想的合理性,要立足于大学生群体的这些现实需求和成长生活中的关键性问题,要引导学生形成健康向上的生活理想。同时,要针对当前市场经济所带来的学生群体更加注重短期目标和现实利益的功利化、世俗化的倾向,通过教育引导培养他们健康的生活情趣和事业成就上的高标准,逐步提升大学生群体的理想境界。此外,还要注重个人理想与社会理想之间的转化,引导大学生认清个人理想与社会理想之间的依存关系,自觉地把个人的成长发展与国家的前途命运结合起来,将个人理想信念与建设社会主义的共同理想和实现共产主义的远大理想联系起来,用个人理想带动社会理想,用社会理想引领个人理想,使个人理想在社会理想的关照下得到升华。

二、品学为本

"品"和"学"一直是我国社会人才培养的基本坐标和主线。曾国藩在《致四弟·宜常在家侍候父亲》中曾经写道:"明年延师,父大人意欲请曾香海,甚好甚好!此君品学兼优,吾所素佩。"简单地说,"品"即品德,是指个体的基本道德素质和德性,是社会伦理道德建设的根基。"学"即学识、学业,是指个体的基本知识水平和技能,是个体所积蓄的智慧的潜在力度。品学兼优就是品德和学业都很优秀,与之相似的词还有"德才兼备"。"品"和"学"是个体素质的两个核心支撑,"品"是"学"的灵魂和方向,"学"是"品"的认识基础和条件。司马光曾定义过两者的关系:德才兼备是圣人,德才俱无是愚人,德胜才是君子,才胜德是小人。他还指出,如果得不到圣人,就用君子,实在不行就用愚人,但是小人不可用。可见,"品"和"学"是衡量人的两个基础要素。对于大学生群体而言,"品"和"学"是大学日常生活的主要内容和根本任务,是大学生在社会系统结构中安身立命,进而服务祖国、贡献社会的重要基础,理应成为大学生核心价值观的重要组成部分和根本。

"品"即道德品质,是一个人的基本道德修养。道德品质是个体的重要素质,是指个体将一定社会或阶级的道德规范、道德标准转化为自身的道德观念和道德行为，并在此基础上表现出来的比较稳定的心理特征和人格倾向，它与个体的生存发展具有紧密的联系。我国历来重视品德建设和个人修养，孔子把人分为君子和小人两类：君子有德、小人无德，并提出了三德——智、仁、勇，后来逐渐发展为儒家的五常——仁、义、理、智、信，儒家还从人的内在修养出发提出格物、致知、诚意、正心等要求。儒家的道德思想延绵了上千年，成为指导和规范中华民族的传统美德，但是，随着时代的变迁，传统的德目也在不断发展和得到改造。2001 年中共中央颁布《公民道德建设实施纲要》，将基本道德规范概括为“爱国守法、明礼诚信、团结友善、勤俭自强、敬业奉献”。2006 年 3 月 4 日，胡锦涛同志指出，要引导广大干部群众特别是青少年树立社会主义荣辱观，“坚持以热爱祖国为荣、以危害祖国为耻，以服务人民为荣、以背离人民为耻，以崇尚科学为荣、以愚昧无知为耻，以辛勤劳动为荣、以好逸恶劳为耻，以团结互助为荣、以损人利己为耻，以诚实守信为荣、以见利忘义为耻，以遵纪守法为荣、以违法乱纪为耻，以艰苦奋斗为荣、以骄奢淫逸为耻”。这些都是新时期社会主义基本道德建设的主要内容，是每一位社会公民的基本道德准则和内在修养。对于大学生群体而言，品德是学生的核心素质之一，作为大学生核心价值观培育的基础性道德，品德反映的是大学生群体所必须遵守的道德义务，是日常生活中的基本的行为准则和道德规范，是与学生主体生活实际联系最直接最密切的价值准则，是理想信念、精神观念的具体化。古人讲“修身齐家治国平天下”，我们这里讲的“品德”就是个人“修身”的部分，是学生个体参与社会生活的前提基础，是公民道德建设的重要组成部分，是社会文明发展的重要标志之一。当前，受到社会不良风气的影响，一些大学生的品德修养和公德意识受到侵染，诚信缺失、奢侈浪费、违法乱纪等问题比比皆是，公德意识、规则意识淡漠等问题日益严峻；加上部分家长和老师只重视智育而忽视学生的德育，认为这些基础的文明习惯是小事，进而疏于对学生的教育和引导，致使部分学生的品德修养水平与文化层次相背离。基于大学生品德的现存问题，笔者认为，大学生群体的基础品德培养应该包括诚信、勤劳、互助、求真和遵纪守法等五个方面，要加强这五个方面的教育和引导，凝聚多元时代的道德共识，养成学生良好的行为习惯和公德意识，打牢学生融入社会、奉献社会的思想基础。

“学”即知识、学识，知识不仅能够帮助人们增长智慧和本领，更能够帮助人们形成正确的价值取向和良好的道德品质。对于知识和学识的要求，是古今中外人才评价的核心指标。古代《周礼》讲的“六艺”——礼、乐、射、御、书、数，即是对人们才学的基本要求。新时期，随着知识经济时代的到来，知识类型的转换和知识更新的速度不断加快，人们对于知识结构和知识获取能力的要求也在发生深刻的变化。首先,从知识结构来看,知识和信息量的迅速膨胀扩大了传统知识结构的内涵,人类的知识结构也正在从单一转向符合,从封闭走向开放。其次,从知识获取的能力来看,以往人们更多地通过课堂的学习来获取知识,随着知识量的增大和知识来源途径的增多,对于人们的学习能力、思维能力都提出了更高要求。大学作为知识信息的集散地和人才培养的摇篮,承担着丰富学生知识体系和发展学生学习能力的重要任务。学习是大学阶段的根本任务,是大学生适应未来社会发展、技术进步的基础和条件,大学生群体要具有追求真理、崇尚科学的价值理念,勤奋刻苦、勇于钻研的求学精神,并自觉地运用所学知识处理现实问题的能力。知识是大学学习最为基础的核心要素,专业知识的传承是大学教育的核心内容,在这里,学生初步掌握未来职业所需的基本知识和技能。但同时我们也要看到,大学学习又不仅仅包含专业知识,更重要的是学生学习意识、学习理念和学习能力的培养和塑造,具有帮助学生正确认识到学习的价值和属性,认识到学习对于个人意义生成和价值实现的重要功能,对于社会长远发展和科技进步的重要价值,进而减少学习过程的盲目性和无效性,提高学习能力和学习水平。但是,从现实状况上来看,当前大学生学习观念和能力水平还存在一定问题。一是学习观念的偏差。例如,中国青年报的一项调研显示,"70. 5%受访者认为当下大学生学习功利性太强""仅2. 1%的受访者认为,现在大学生对待上课的态度'非常认真',12. 4%的人认为'比较认真'"。有研究指出,"71. 2%的学生表示学习的主要动机是'将来找份好工作'"。二是学习能力的欠缺。随着信息时代的到来和科学技术的发展,庞大的知识体系和冗杂的社会信息给学生带来了学习内容选择上的困难,致使一部分学生茫然不知所措,学习动力极大不足,进而产生学习倦怠等负向情绪。总的来看,这些问题的产生都有其一定的社会现实基础,比如就业压力的不断增大、知识信息的不断增多等等,这使得学生在学习的过程中不得不考虑社会和职业的需求,因而更多地将学习作为生存和发展的必要手段,而不再是追求知识真理和生活意义的最佳方式。因此,大学生的核心价值观要包括学生的学习观念和学习能力,要将科学、现代的学习价值观作为大学生核心价值观的一个重要组成部分。具体而言,应当包括主动学习、合作学习、终身学习的观念和能力。关于主动学习,是指大学生群体应该具备学习的主动性,自觉地规划学习时间和学习内容,合理安排学习计划;关于合作学习,是指要引导大学生主动组建或参与学术团队,并能在团队中学习、借鉴他人的经验和智慧,共同完成一定的学习任务;关于终身学习,是指大学生要适应社会快速发展变化的需要,将学习贯穿自身成长发展的始终。

总之,"品学为本"既包含道德观的内容,也包含学习观的内容,两者虽是大学生日常生活的基本内容，但也需要理性的引导加以规范和唤醒，使其能够摆脱学生主观的情感色彩和错误的价值取向，能够按照国家社会要求的方向发展。将两者放在一起作为大学生核心价值观的一项根本要求，旨在进一步化解当前教育中不断凸显的"重智育、轻德育""重知识、轻能力""重成才、轻成人"等问题，使大学生很好地协调两者的关系，促进两者的协调发展，成长为全面的人、合格的人。

三、创新为要

随着知识经济时代的到来，人类基本的生产方式从资源积累转向知识创新，创新成为推动生产力发展的核心要素，决定了一个国家和民族的综合实力和竞争力。江泽民同志曾经指出："创新是一个民族进步的灵魂，是一个国家兴旺发达的不竭动力"，创新已经逐渐成为国家建设的一项基本政策和发展战略。"创新"这一概念最早更多出现在经济领域，1911 年熊彼特在《经济发展理论》首次使用了"创新"一词。随着社会的发展，创新逐渐伸展到社会的各个领域，如理论创新、文化创新、制度创新、科技创新等等，创新已经成为时代精神的核心要素，成为一种重要的价值导向，具有普遍的适用意义。对于创新的理解，美国著名人类学家巴尼特指出："任何在实质上不同于固有形式的新思想、新行为或新事物……所有的创新都是一种观念或一群观念；但某些创新按其属性，必须仅存于心理组织中，而另一些创新则可能具有明显的和有形的表现形式。"1995 年欧盟在其《创新绿皮书》中指出："创新是在经济和社会内成功地生产、吸收和应用新事物，它提供解决问题的新方法，并使得满足个人和社会的需求成为可能；创新不仅是一种经济机制或技术过程，而且还是一种社会现象"。一般意义上来讲，创新是指人们对于事物的新想法、新突破，是对原有观念、技术、体制的超越，它可以使产品创新，也可以是观念或理论创新。创新不仅仅包括从"从无到有"，更包含"从有到新"。创新是一个过程，也是一个结果。就过程而言，它是人们对于已有的观念和产品进行加工改造，产生新的内涵和价值的过程；就结果而言，它是新的发明创造或者新的观念形态。对于社会来说，创新带来了人类文明的进步，带来了社会各个方面的发展和变革；对于个体来说，创新是人们产生新的观念、产品的特殊的心理过程，是个体生命质量的提升和丰富。

"创新"作为时代精神的精髓，在客观上确立了一种新的人才观，提出了对于新时期人才素质的新要求。大学是培养创新型人才的摇篮，大学生是建设创新型国家的人才基础。作为高素质创新型人才的生力军，大学生理应把创新作为自己的核心价值观。当前，创新型人才的缺乏成为制约我国科技进步和社会发展的一个重要因素。著名的华裔科学家、诺贝尔奖获得者朱棣文教授说:“中国学生学习很刻苦,书本成绩很好,但是动手能力差,创新能力不足。美国学生有创新及冒险精神,有时做出一些难以想象甚至发疯般的事情,往往创新出一些惊人的成就。”因此,要实现现代化,实现中华民族的伟大复兴,就要求我们在人才的培养上必须以创新作为人才培养的核心要求,源源不断地培养出在各个领域、各个行业具有创新精神和创新能力的世界一流的创新人才。《中共中央国务院关于深化教育改革全面推进素质教育的决定》中明确指出:“高等教育要重视培养大学生的创新能力、实践能力和创业精神。”教育部在《面向 21 世纪教育振兴行动计划》中提出:“要瞄准国家创新体系的目标,培养造就一批高水平的具有创新能力的人才,大力提高高等学校的知识创新能力。”胡锦涛同志在清华大学的讲话中也指出,高等教育“要注重培养拔尖创新人才,积极营造鼓励独立思考、自由探索、勇于创新的良好环境,使学生创新智慧竞相迸发,努力为培养造就更多新知识的创造者、新技术的发明者、新学科的创建者做出积极贡献”。因此,创新作为时代精神的核心要素,理应成为作为时代先锋的大学生群体核心价值观的重要组成部分。

“创新”是当代大学生群体核心价值观的重要组成部分,是大学生群体适应知识经济时代发展的首要素质。创新需要较为复杂的素质结构,美国心理学家吉尔福特曾把创造性人才的人格特点归纳为:有高度的自觉性和独立性;有旺盛的求知欲;有强烈的好奇心;知识面广,善于观察;工作中讲求理性、准确性与严格性;有丰富的想象力、敏锐的直觉,喜欢抽象思维;富有幽默感,表现出卓越的文艺天赋;意志品质出众。我国学者冯友明认为创新人才的共性特征体现三方面:智慧力量是创新人才的本质;综合文化素质是创新人才的根本保证;献身人类利益是创新人才的最高境界。丁钢认为,所谓创新人才是指具有创造性思维、完善的自我实现目标和被社会与他人接纳的人。这样的人,首先应该是一个具有高尚人格的人。概括来讲,创新具体包括创新意识、创新思维和创新能力。一是创新意识。创新不是一个单纯的技术过程,而是个体的一种有意识、有目的的实践过程,是在人自觉的意识指导下实现的。创新意识是人的主观能动性的一种特殊表现,是人们主动参与、主动思考、主动创造的意愿和心理取向,它反映了人们对于创新本身的价值和意义的认识程度,是唤醒和发挥人的潜在创新能力的重要精神力量。二是创新思维。思维取向决定着人们看待事物的方式和角度,创新思维是人类思维活动的高级形态,是不同于常规思维的一种思维方式,它是以新的方式和角度探求和认识事物的思维活动。任何的创新都是以思维的创新为先导,在现实生活中,制约人们创新水平的核心问题就是长期的固有的、格式化的思维习惯,而要突破这种原有经验和模式的局限，就要形成一种具有反叛性的、开创性的思维方式。发散思维是创新性思维的一个典型的形式。三是创新能力。创新能力是指在现有知识和理论的基础上，运用新的思维、观点和手段发现新知识、新理论的能力，是将创新由可能变为现实的力量，具体包括观察能力，分析能力、组织能力和实践能力等。

培养创新型人才也不是一朝一夕的事情，而是一个系统的长期的教育工程。在以往的教育体制中，我们往往过分强调知识教育，强调共性培养，在一定程度上忽视人才的个性化，忽视了学生的创新能力的培养。从当前大学生群体的价值观现状来看，尽管伴随“素质教育”的不断推行，大学生的创新意识不断增强，但是从总体上来讲，大学生的创新思维和创新能力还远远不足，很多高校还没有把大学生科技创新教育纳入到培养计划之中，大学生的问题意识、质疑精神和研究能力没有得到有效的开发和培养。在新时期，我们更要重视大学生“创新”人格和品质的培养，建立行之有效的大学生创新能力培养体系，帮助大学生树立“创新为要”的核心价值观，内化为学生的自觉追求和群体意识，努力培养出具有可持续发展潜力的创新型人才。

四、家国为基

家国观念是民族精神的精髓，是社会主义核心价值体系的重要组成部分。“家”是指家庭、家族从人的社会关系形成的序列来看，家庭是早于国家的，可以想象，最初的部落必是由一定的组织起来的两性关系构成的，那就是最早的家庭，“家”的观念根植于中国人的核心价值系统，“中国缺乏宗教，以家庭伦理生活来填补它”。“国”是指国家，是一个大型的、独立自主的政治实体，包括领土、人口、独立性和政府等基本要素。国家是公民身份的重要标识，是公民的基本生存空间。家国文化在我国由来已久，是由家与国之间的关系在历史演进中所孕育的相关文化因素所构成的。传统的儒家思想有着浓重的家庭观念，“天下之本在国，国之本在家，家之本在身”“达则兼济天下，穷则独善其身”等等都渗透着浓重的“家国同构”的思想，即“家是最小国，国是千万家”“家”与“国”之间的内在地联系和和谐。作为一种深层的民族心理沉淀，家国同构的思想观念很好地培育了我国家庭内部人与人之间的温情，凝聚着中华民族爱国爱家的独特精神气质。大学生群体作为中华民族文化的重要传承者和践行者，必须将这种民族精神熔铸于自身的精神气质中，作为未来人生发展的重要基石。

新时期的家国观固然是对传统观念的延续，但伴随社会文化的发展变迁，家和国的内涵以及家与国之间的关系都发生了实质性的变化。一方面，对于“家”而言，当代大学生是计划生育政策影响下的一代人，家庭规模逐渐缩小，家族力量走向微弱，传统金字塔形家庭结构逆转成为如今的“四二一”倒金字塔结构。在这种新的家庭结构中，家庭成员的关系地位发生变化，独生子女的地位显著提高，传统的家长制的伦理关系逐渐转向“以孩子为核心”的家庭伦理，同时单亲家庭、空巢家庭的数量和比例也逐渐攀升，赡养老人已经成为一个突出社会问题。家庭是构成国家的重要细胞，这种传统家庭模式的瓦解无疑给国家的和谐稳定带来了极大的冲击，因此，如何重塑人们特别是青年一代的“家文化”“家观念”已经成为一个新的时代命题。另一方面，对于“国”而言，全球化的时代背景给国家特别是发展中国家的生存和发展条件带来了深刻的变化。全球化带来的并非是纯粹的国家间的经济往来，也不是国家间的平等和利益共享，而是涉及政治、经济、文化等多个领域的新的依赖和控制关系。“从经济活动的真实流动角度讲，民族国家已经失去了它们作为今天无国界的全球经济中的有意义的参与单位的作用”，国家主权走向相对化甚至空心化。在“人权”与“主权”问题激烈争论中，人们对于国家的认知、认同也在不断发生变化，如何看待国家主权、国家安全等问题，如何强化民族国家认同，汇聚民族建设发展的内在动力，是当前“国家观”所要应对的新问题。与此同时，我国正处在改革发展的进程中，国家的结构形式和体制制度的深刻变化，必然带来利益格局和分配制度的调整，同时由于部分制度的不健全也带来了诸如分配不公、腐败等发展中问题，在一定程度上侵害了国家和社会肌体，影响了人们对于国家改革发展的评价和认识。总之，时代的发展进步不仅带来“家”与“国”的内涵和属性的变化，也对人们的核心价值观提出了新的更高的要求。

“家国为基”的核心价值观，具体包括国家观、家庭观以及如何处理“家”和“国”的关系等三方面的内容。首先，在国家观方面，树立理性爱国意识。

爱国反映了作为一个国家主体的人民的凝聚力、团结力，反映了人们对于祖国的深厚感情，反映了个人、家庭对于祖国的依存关系。理性爱国是建立在对朴素爱国主义的理性反思基础上的正确认知，是横向上借鉴和比较各个国家的政治、经济和文化的发展进程和不同特点，纵向上了解和认同本民族的思想文化、民俗传统和历史发展，形成的民族认同和爱国情怀。爱国是一种发乎于内心的情感，学生成长的过程也是其爱国情感从自发向自觉、从情感到观念再到行为模式的发展过程，新时期要引导大学生减少爱国的盲目性、冲动性，培养大学生理性的国家认同和自觉的爱国行动。此外，全球化的发展趋势也要求大学生群体具有国际视野，要心怀天下，超越个体本位思维与狭隘的民族主义思维，以开放、包容的心态尊重、理解、合理借鉴不同文化成果，以广阔、全面的眼界积极关注和参与国际事务。其次，在家庭观方面,加强责任伦理观念。家庭观是个体对于家庭所持的观点、态度或信念,传统家庭结构的松散和伦理观念的解体固然使个体从家庭的束缚中解放出来,但同时也滋生了强烈的个人主义倾向,个体开始超越家庭直接参与到社会生活中去,逐渐导致了个体的家庭意识、家庭责任感的淡漠和家庭人际关系的疏离。家庭责任是个体必须承担的责任,是个体参与社会并承担社会责任的基础,尽管随着家庭规模在缩小,但是家庭依然是最基本的社会单位,是个体存在和发展的基本形式和场所,家庭所给个体带来的支持和归属感是任何其他社会单位所不能提供的。因此,要不断加强大学生的家庭责任伦理观念引导,教育大学生要注重亲情,形成尊敬父母、友爱兄弟的道德意识;要重视婚姻,形成正确的婚恋观念和责任意识;要注重家庭文化建设,努力营造平等、关爱、亲情的新型家庭伦理关系。最后,在"家"与"国"的关系方面,尽管随着"家"与"国"的内涵属性的变化,我们对于"家国同构"的内涵也要有新的解读,家庭不再一味地简单依附于国家,国家也改变了以往的权威统治的政治面貌转而为服务人民、服务于每个家庭的职能属性,但是从本质上来看,"家"与"国"之间相辅相成的紧密联系依旧是不变的。因此,要引导学生努力打通"家"与"国"之间的内在联接,使个人和家庭成为国家建设发展的重要支撑。"家"和"国"是个人价值结构所依靠的基础,我们不能彻底割断本民族"家国天下"的文化意识,而是要继承并发展,要融入新的时代元素,要让大学生形成适应社会和时代发展要求的新型的家国伦理文化。

总之,凝练当代大学生核心价值观不是割断历史的重新创造,而是根据我国社会价值体系的长期实践、历史传统与大学生角色特征、群体使命,结合新时期新阶段的基本特点和发展任务所进行的新抽象、新概括。由此所提出的"信念为魂、品学为本、创新为要、家国为基",是个相互联系、相互补充、层级递进的价值观体系。同时,凝练当代大学生核心价值观也不是脱离社会主义核心价值观的"另起炉灶",而是社会主义核心价值观的具体化、群体化。以"富强、民主、文明、和谐,自由、平等、公正、法治,爱国、敬业、诚信、友善"为基本内容的社会主义核心价值观,是现阶段全国各族人民对社会主义核心价值观具体内容的认识及表述的最大公约数,适用于我国所有公民及一切组织,具有最为普遍的适用性、针对性、规范性和约束性。当代大学生核心价值观是社会主义核心价值观在大学生群体中的具体体现和生动反映,"分有"着社会主义核心价值观的本质属性和基本理念。从本质属性来看,当代大学生核心价值观"分有"着社会主义核心价值观的人民性,集中反映最广大人民对大学生群体的期盼与大多数青年学子的共同价值追求;"分有"着社会主义核心价值观的政治性,集中表达大学生核心价值观的社会主义性质及其中国特色;“分有”着社会主义核心价值观的超越性,集中彰显实现社会主义现代化和中华民族伟大复兴的共同理想对大学生群体的价值要求。具体到基本理念层面,其中,“信念为魂”是当代大学生最为核心的价值追求,是对国家层面价值目标、社会层面价值取向的群体表征,也是对个人层面价值准则的更高追求,是社会理想信念个人化与个人理想信念社会化的统一体。“品学为本”是当代大学生成长成才的主要任务,是切合大学生群体特征、角色使命的价值表达;“创新为要”是当代大学生学习实践的时代主题,是彰显时代精神、满足时代需要的素质条件和实践路径;“品学为本”“创新为要”是大学生职分所在、使命所系,也是大学生群体遵循社会主义荣辱观,践行“敬业”“诚信”等个人核心价值准则的必然要求。“家国为基”是当代大学生全面发展的前提保证,也是当代大学生价值实践的精神境界;“家国为基”更是体现了当代大学生爱国主义思想的新要求,体现了大学生建设“富强、民主、文明、和谐”社会主义现代化国家的目标和任务。总之,大学生核心价值观体现了以国家价值目标为指引、以社会价值取向为尺度、以个人价值准则为导向的精神依据,集中表现当代大学生热爱祖国、奉献社会的高尚情怀。

凝练当代大学生核心价值观不是在书斋里、一蹴而就的理论思考,而是一个与培育践行社会主义核心价值观相伴随的实践过程。社会主义核心价值观归根结底是在由几代大学生共同参与的中国特色社会主义实践中形成发展起来的核心价值目标和价值理念,是实践经验的深化,并以指导实践、落实到实践为根本目的和最终归宿。因此,培育和践行社会主义核心价值观根在实践。作为社会主义核心价值观具体化、群体化的重要体现,凝练当代大学生核心价值观不应脱离人民火热的改革建设实践,更不应脱离当代大学生成长成才的具体实践,而应响应全国正在兴起培育和践行社会主义核心价值观的高潮,努力在用社会主义核心价值观武装学生头脑的实践过程中,不断锻造自己、发展自己、提升自己。反过来,培育和践行社会主义核心价值观只有与不同社会群体的生产生活实践相结合,才能避免空洞化、实体化和抽象化,从而真正焕发出强大的号召力、凝聚力和引导力。这就是凝练当代大学生社会主义核心价值观的意义所在。

第四章　当代大学生核心价值观的形成

大学生核心价值观的生成是指大学生核心价值观从无到有、从模糊到清晰的演变过程，是价值观走向理性成熟的重要标志。本章将从学生主体的视角探讨核心价值观的生成过程，旨在揭示大学生核心价值观从自发走向自觉、从离散走向共识的内在生成规律，为我们深入理解大学生核心价值观的发展变化并在此基础上开展系统培育奠定基础。

第一节　大学生核心价值观生成的基本特征

所谓“生成”，是指创生、生长和建构。关于人的本质马克思指出，人“不是处在某种虚幻的离群索居和固定不变状态中的人，而是处在现实的、可以通过经验观察到的、在一定条件下进行的发展过程中的人”，人是具体的、现实的、不断发展变化的，是处于一定社会关系之中的具有能动性的人。“生成性是生命具有的本质特征，人们总是从已经把握的存在出发，走向一条可以超越这种存在的无限过程之路。”人之为人不仅仅在于其是一种客观存在，更重要的是一种精神存在，在于人对自身客观存在的一种超越性，不断追求更高尚的精神境界。德国哲学家卡尔·雅斯贝尔斯认为：“生成来源于历史的积聚和自身不断重复努力。人的生成似乎是于不知不觉的无意识之中达到的，但这无意识曾在困境中以清醒意识从事某事的结果。我们在形成习惯的过去之中，不断形成和打破习惯是我们再次生成的坚实基础，没有习惯为底蕴，我们的精神的每一进步将是不可能的。生成的静态形式即习惯，动态形式即超越。生成就是习惯的不断形成和不断更新。”在这种生成观下，雅斯贝尔斯提出了“教育即生成”的观点。建构主义的代表人物威特罗克在总结西方教育学近二十年来在认知发展、学习模式以及学习迁移等课题研究成果的基础上，提出了学习过程是一个“生成过程”，即学习者原有的认知结构与选择接受的信息相互作用进而构建信息意义的过程。我们所讲的生成，既不是完全脱离社会教化或环境影响而仅依靠主体先天的力量自然而然地生成，也不是忽视主体自身的特征和参与仅仅依靠外在影响和教化的生成，而是在主客观的共同作用的，一种自觉的、能动的生成。

大学生核心价值观的生成是指学生主体在外界教育影响下，通过自觉的、理性的反思和审视，使自身的价值观念不断走向整体化、合理化和高尚化的过程；是大学生群体旧的知识体系和价值观念被打破，新的秩序和逻辑逐步建立的动态变化过程。所谓“整体化”，就是指大学生价值观从散在走向整合，并形成体系化的过程；所谓“合理化”，就是指大学生价值观系统中的各要素优化组合、和谐互动的作用过程；所谓“高尚化”，就是指大学生价值观超越现有的价值关系基础，形成更高层次的价值境界。要实现这一过程，首先，要求主体具有更高的理性自觉程度，要能够更深层次地主动反思价值现象的本质；其次，要在群体的交往实践和互动中形成价值共识，成为群体共同遵守的价值规则和价值追求；再次，还要通过外界的教育引导，超越现实的价值基础，实现价值观的升华。总之，大学生核心价值观的形成是主体价值人格的生成、展开和确立的过程，是主体价值观走向成熟理性的结果和标志。它与一般价值观的生成既有共同的内在基础，同时也有层次和过程上的一些差异。所谓“共同的内在基础”，是指他们都是以主体的知识积累、心理加工和建构能力等要素为基础；所谓“差异”，是指核心价值观的生成对于主体的自我觉解、反思智慧等方面的要求更高，是价值主体对于自身价值观念和价值理想的高度自觉的过程。大学阶段是一个生理和心理正走向成熟的特殊阶段，是价值观成熟发展的关键期，由于思维能力和水平的不断提高发展，大学生群体的价值观呈现出极强的可塑性和生成性。这一时期，大学生群体已经进入了高级自律阶段，纯粹的主观性被扬弃，客观性积淀于主体的意识之中，社会的规范和要求不再是一种完全异己的力量，已经被主体内化为自身的观念体系和心理意识，成为主体进行价值选择和道德判断的准则和依据。处在成长的过渡阶段的大学生虽然具有不成熟的特质，但同时具备一种生长的力量，他们的价值观念不是僵化的，不是机械地沿着预定的轨道发展的，它每时每刻都面临着多种可能性的选择，受到现实社会文化和社会主义核心价值体系教育的影响，其价值观念是在不断更新和变化过程中的，大学生群体的“未完成性”为其价值观的不断成熟发展预留了空间。对于大学生群体而言，核心价值观的形成不仅仅是由外向内的价值输入的结果，而更多的是主体根据自身的需求主动建构的过程，也就是说，核心价值观的形成不仅仅是外部的需要，更多的是主体自身的成长发展的需要。概括起来，大学生核心价值观的生成有以下几方面的基本特征。

首先，大学生核心价值观的生成是价值主客体相互作用的结果。我们不能不考虑核心价值观的性质而仅仅探讨其生成。价值关系，是以主体和客体的对偶存在为前提。心理学家皮亚杰曾经指出，学习的实质是主客体双向建构的过程。大学生核心价值观的生成过程即是价值主体对于价值客体不断认识、不断探寻的过程,是价值主体在不断学习实践的基础上,通过现实情境获得对价值关系、价值现象的新的认识,形成新的价值评判标准和价值观念,在这个过程中,主体的价值结构和价值标准等要素不断丰富和转换,主体的核心价值观不断地生成和发展。一方面,核心价值观的生成是主体意识作用的结果,是主体自觉建构的过程。无论是自然物还是人自身,都是因为主体的存在而体现其价值的存在。恩格斯指出:"就单个人来说,他的行动的一切动力,都一定要通过他的头脑,一定要转变为他的意志的动机,才能使他行动起来。"核心价值观作为统摄和引领人的价值行为的力量,必须通过个体的意识能动性才能获得其现实性。在核心价值观的形成过程中,大学生群体是生成和建构核心价值体系的主体也是共享核心价值体系的主体。核心价值观的形成必须合乎大学生自身的需要,体现主体的主动参与,否则就会被主体本身所排斥或否定。另一方面,核心价值观的生成又必须折射客体的本性,否则便是无源之水、无本之木。而且,不反映客体本性的核心价值观,即便它可能十分强调个体的需要,这种需要也难以得到现实的满足。因此,大学生核心价值观的生成是内外交互的过程,是社会选择与个体选择的共同结果,是价值主体主动建构与被动接受相结合的过程。由此可见,大学生核心价值观的生成既受到价值主体的制约,又受到价值客体的影响,是价值主客体相互作用的结果。

其次,大学生核心价值观的生成是渐进积累与跨越突变的统一。大学生核心价值观的生成是一个不断通过感知、内化、外化的逐渐积累过程,是一个由分化到整合的反复循环的发展过程,是一个逐渐认识、曲折发展的渐进过程。核心价值观处于主体价值观体系中相对稳定和核心的部分,除非发生剧烈的社会变革或者人生转折,否则主体的核心价值观不会发生根本性和整体性的变化。但是,我们并不排除在这一过程中有发生突变和顿悟的可能,某些能够引起价值主体思想情绪产生较大变化的特殊事件,完全可能带来个体核心价值观的深刻变化。英国哲学家波普尔(Karl Popper)认为,"价值随问题一起出现,价值不能没有问题而存在"。问题意味着存在危机或对存在的挑战,意味着主体现有的价值观念不符合社会的需求或者不能解决现实问题。从某种意义上来讲,核心价值观的生成都是以价值主体的存在状态为客观基础的,如果价值主体处于相对稳定或者无冲突的状态,其现有的价值体系能够满足或符合现实社会和生活的需求,则会在一定时间和范围内,保持核心价值观的稳定或渐进性发展;但随着环境的突然或急剧变化,主体与社会或者不同主体之间的价值选择出现了冲突,个体运用原先接触的信息与规律已经无法满足新的需要,解决新的冲突,或者产生了新的价值追求,带来核心价值观跨越突变。总之,不管是渐进性变化或是跨越突变,大学生核心价值观都不是僵化的、不变的,而是一个不断超越的,超越原有价值认识水平而不断达到更高的层次。人是永不满足的动物,它总是不满足于现在的状态,它总是有理想,想超越"实存"的自我。因为我们的实际存在本身并不能使我们满足。它是永不停息永无止境地向前追求的冲动,它没有终极目的。人类的认识总是从低级向高级、由浅入深不断发展的,人类对于客观世界认识的无限性与认识能力的有限性之间的矛盾运动,使无论是社会、群体或是个体的价值观处于永恒的生成过程中,即使是平衡和稳定也必然是短暂的。也就是说,大学生核心价值观的生成是一个动态平衡的过程。恩格斯曾经指出:"一个伟大的基本思想,即认为世界不是既成事物的集合体,而是过程的集合体,其中各个似乎稳定的事物同它们在我们头脑中的思想映象即概念一样都处在生成和灭亡的不断变化中,在这种变化中,尽管有种种表面的偶然性,尽管有种种暂时的倒退,前进的发展终究会实现。"

最后,大学生核心价值观的生成是边沿聚合与核心辐射的统一。大学生核心价值观不是一个完全独立的结构系统,它与主体一般价值观的发展水平相一致,并受到一般价值观发展水平的制约。所谓"边沿聚合",就是指核心价值观以一般价值观的形成和发展为基础,是在不同的价值观念中选择某种价值观念作为行动目标的决断或确定的心理活动,是对一般价值观的吸纳、聚合和提升的过程。所谓"核心辐射",是指核心价值观对一般价值观具有统摄作用,规定一般价值观的产生和形成的基本方向和性质,化解一般价值观之间的矛盾和冲突,引导和推动一般价值观的发展。核心价值观的发展与一般价值观是同步的、共生的,是在聚合和辐射二者的双向互动下进行的。一般价值观通过渗透和聚合成为或改变核心价值观,使核心价值观的内容逐步丰富、逐步稳定,核心价值观不断地改变和统摄着一般价值观,核心价值观与一般价值观在相互影响、相互作用的过程中不断积淀、提升,使得主体的价值体系不断完善和发展。一般价值观具有更强的开放性和包容性,而核心价值观具有较强的稳定性和排他性。在这一过程中,我们无法强行界定核心价值观与一般价值观产生的先后,主体的价值观体系就像是一个网络,而核心价值观就是其中的纽结,核心价值观的生成使得一般价值观聚合并联系在一起,使得主体的价值观不至于如要素一般散落;一般价值观是核心价值观的支撑,保护核心价值观的主导地位,保障主体价值系统的稳定发展。

第二节　大学生核心价值观形成的主体因素

从静态的角度来讲,大学生核心价值观的生成过程和效果不仅取决于外在环境的创设,更依赖于价值主体已有的知识经验和心理结构。由于主体本身的特点不同,因此所获得的对于信息和意义的理解和解释也不相同,使这种生成活动带有主体特点的烙印。因此,要把握主体核心价值观的生成过程,就要首先了解大学生群体参与价值建构的知识、心理和观念系统。

一、知识系统

价值观教育不是简单的知识教育,也具有知识的客观性和科学性。它“必须经由知识教育,但是又不能囿于知识教育,它需要通过教育对象个体对相应知识的掌握而生成健康向上的精神世界,形成科学的世界观和方法论,形成坚定的信心和信念”,这是价值观可以传递的基础。核心价值观的形成是价值主体在一定认知的基础上所产生的理念和行动,而知识教育是主体核心价值观形成的起点,“知识虽然不能被直接的视作美德,但知识却是美德的基础,真的不一定就是善,但善必须以真为前提”。没有一定的知识作为基础,主体的认知发展会受到阻碍,更不会培养出相应的情感和人格品质。简单地说,核心价值观教育要以知识教育为载体和主要教育形式。

从知识类型上来讲,现代认知心理学将知识分为陈述性知识(知道某事是什么)和程序性知识(知道如何做事);也有学者将知识分为事实性知识和价值性知识。对于核心价值观而言,主要是价值性知识,反映的是价值主体的主观性判定,并没有“真”和“假”之分,只有“对”和“错”之分,具体包括理论知识和规范知识,理论知识以马克思主义的世界观方法论为核心的完整而严密的知识体系,内含着对于人类社会历史发展的本质和规律的科学认识,具有“客观真理”的意义;规范知识包括以社会基本道德规范为核心的知识体系,是经过人类长时间的实践检验的准则和理念。核心价值观教育的知识体系是个体对价值本质已有的真切体悟与生命实践表达,它不仅仅是陈述型知识或程序型知识,而更倾向是一种理解型知识或者解释型知识,更具有文化性、历史性和可用性,受教育者对于知识的掌握程度要以其在多大程度上理解知识的理论实质以及能否有效地运用知识来解释世界为最终的衡量标准。对于大学生群体而言,经过多年的学校教育,他们对于理论知识已经有了相当丰厚的积累,这些积累为其核心价值观的形成奠定了坚实的基础,但是这些知识储备也存在某些问题,比如知识的理论化、平面化等。大学生虽然接受了多年的政治理论教育,但是由于缺少相应的政治参与和社会实践,使他们的知识只能停留在书本上和学校里,不是生动的、具体的、可应用的,而对于这类知识的理解“在孤独和隔绝中是不可能的,只有在集体的内容丰富、形式多样的生活中才有可能”。因此,大学生群体虽然具备了相应的知识基础,但对于知识的理解不深透,甚至由于对于知识本身的错误理解,而产生了对于新的知识体系的抵触情绪,成为新的知识体系吸收和认同的障碍,给主体核心价值观的形成带来了一些前提性的问题。

从过程上来讲,核心价值的生成首先是新旧知识的链接,受教育者在原有的知识结构和知识背景的基础上,将其与新的知识关联起来进行编码,建构自己的理解,原有的知识体系因为新信息的进入而发生调整和重组进而形成新的知识体系。信息加工理论家认为,知识的学习是一个复杂的、有符号操纵的系统,知识信息像电脑中的数据一样在人脑中被编码(encode)接受,并以符号形式被保存起来,进行各种各样的内部加工,行进再编码,或者把它们的喜好结构转换成有用的表现。接着,对其进行解码,或通过把它们与系统中的已有信息加以比较和联结,解释其意义。虽然信息加工理论知识是诸多学习理论中的一种,但是对于解释知识的学习和生成有着相当的合理性,所以也被广泛地使用。对于价值观的学习固然不同于一般陈述性知识和程序性知识的学习,但同样存在信息输入、编码、解码等过程。正如美国社会心理学家斐斯廷裕在研究传播效果中所发现的那样:接受者总是回避自己原有知识、意见等对立的信息,而积极地接触与之协调的信息。一旦接触到不协调的信息,要么弱化认知要素和信息的不协调关系,要么故意歪曲不协调的信息。当新的知识进入主体的价值观结构中,旧的知识要素在功能上发挥整体性作用,对新的知识进行加工改造和整合条件,将其纳入结构体系之中。同时一些错误的知识被排除于系统之外,使结构达到暂时性的有序状态,在此种意义上说,价值观的形成发展就是知识结构的不断整合变化。此外,核心价值观知识具有境域性,境域性是指“任何知识都是存在于一定的时间、空间理论范式、价值体系、语言符号等文化因素之中的:任何知识的意义也不仅是由其本身的陈述来表达的,而且更是由其所位于的整个意义系统来表达的;离开了这种特定的境域,既不存在任何的知识,也不存在任何认识主体和认识行为。”价值观产生于特定的价值关系中,不同生活情境中的人们对于知识的认识和产生的价值体系有所不同,每一个体总是不自觉地受自己经验和利益的影响而形成一个“视界”来做价值判断,知识系统的形成是通过社会的教育途径和主体自身探寻体悟的结果。

总的来讲,知识的掌握对于主体核心价值观的形成具有重要的意义,但是,具备知识并不代表就形成了价值观,还需要主体将知识转化为自身的情感和人格品质,并付诸行动,核心价值观才能形成。

二、心理系统

心理系统是主体在建构过程中所涉及的心理成分及其相互作用关系,它决定着受教育者在学习过程中的信息加工方式,具有支配价值主体进行价值选择的驱动性和决定行为方式与目标的指向性,反映价值主体各种心理过程的发展水平、个性特征发展水平以及当时的心理状态等等。列宁曾经指出:“认识是人对自然界的反映,但是,这并不是简单的、直接的、完整的反映,而是一系列的抽象过程,即概念、规律等等的构成形成过程。”这个抽象过程即主体以其独特的心理背景为前提,以自己现实的认知结构和心理图式为基础,对外界的信息进行判断、选择、加工、改造的过程。总的来讲,心理系统在核心价值观的生成过程中有三方面的功能。一是解释功能,即价值主体能够依据自己先存的心理状态去解释和说明外部的价值现象。二是加工功能,即价值主体按照自己的心理运动方式对于摄入的信息进行加工和处理。三是定向功能,即价值主体的心理系统决定其外部行为的方向,也就是价值行为必须出自主体的内在愿望。总之,因为心理系统的差异,不同价值主体对于相同的外部现象和信息的解释也不同,心理系统的发展水平直接决定了个体核心价值观生成的程度和水平。

主体的心理结构系统非常复杂,从心理成分的角度说,一般包括认知、情感、意志三个部分。认知系统是主体对于教育信息的感知、理解、判断和评价,反映的是价值主体对于真假、善恶、美丑的基本认识和理解,是指对社会价值观念规范的认识。主体认知能力发端于童年时期,并随着个体的思维水平的发展而不断深化。大学阶段,学生主体的逻辑思维能力成为思维的主导形式后,认知能力也从感性发展为以理性为主导,即大学生群体的认知水平已经不仅仅停留在以自己的方式来知觉和解释世界或者停留在完全依赖于对客体本身的感性认识阶段,而是开始追问价值现象背后的深层次原则与规范,这为其核心价值观的形成奠定了良好的认知基础。情感系统是伴随认知而产生的情感体验,主体进行价值判断不是理性因素的单一作用所致。18 世纪哲学家就指出,情感是道德的基础,是价值实践活动的发端和整个过程的润滑剂。学者威尔逊认为,道德的第一元素就是本能性和反射性的引导行为的情感。有学者指出,道德生活的四种关键“情感”包括:同情(使人们受到他们的情感和经验的影响)、公正(公正、互利和无私)、自我控制(自私和道德感之间的冲突解决所必需的敏感性）和义务或良心（没有外在禁令的情况下规范自己的行动）。在核心价值观生成的过程中，除了上述道德层面情感因素之外，主体的爱国之情、集体意识等等，都体现为价值主体对于社会权威价值体系的依恋和尊重，进而对于主体形成符合社会要求的价值观具有重要的意义。情感因素之所以能够影响到道德主体的品德养成和接受，关键是由于情感一旦形成一个基本的倾向，就成为个体品德实践活动中的一个道德行为定式，从而使得公民的道德认知具有一定的方向性和选择性。意志系统是人们按照原则和要求进行价值判断和实践活动时调节行为克服困难的能力，是人的积极性的特殊形式。意志力的出现和发展，不仅是主体认识水平和思维水平成熟的一个重要标志，而且也在核心价值观的形成过程中起着特定的控制和调节作用。意志越明确，情感动力的作用也就越耐久。康德强调："意志在行为中的动力作用意志是一种根据某种规律的概念而自己决定行动的能力。"意志有一贯性和动摇性、自制性和冲动性、坚韧性与执拗性的差异，这关系着主体价值观形成过程中是否能表现出有效持续和抗干扰，以及能够克服困难的品质，只有具备较强的道德意志，才能自觉地强化正向的价值观念。

心理系统不是上述三个方面的简单相加，而是一个复杂的、有机的系统，我们称之为"图式"。美国认知心理学家鲁墨哈特（Rumelhart）认为，图式理论就是关于知识如何被心理表征为有利于应用的方式的理论。核心价值观的图式，是一种价值关系的图式，反映主体与客体间的价值关系，并将这种价值关系序列化、模式化，主体的需要与客体的本性相结合就构成了这种图式不同于一般图式的特点。它是价值主体基于长期的实践经验形成的自身记忆系统中的关于价值判断、规则、程序等的心理结构。它是价值主体先存的心理状态，是应对环境时的基本认识单位，是其解释、内化社会价值体系进而形成自身的价值结构系统的基本方式，为人们的价值活动提供比较稳定的心理解释框架。处于图式核心部分的是那些最为基本的价值观念和原则，而情感则处于图式的外周，是非理性成分，相对于图式的内涵的稳定性稍差，但具有对核心的保护和支撑作用。总之，主体的心理结构内涵了解释框架和价值内容两个层次，其中，解释框架为价值主体新的价值观念的摄入提供了活动的轨迹，而框架中所内蕴的价值内容则对新的价值观念起着标准和校正作用。当知识或被认同的信息进入主体后，就必须与主体一致的价值观念进行整合，通过整合，新的知识和信息才会被纳入主体原有的心理结构中，才真正被主体所接纳。而这个整合过程，就是价值主体的心理加工过程，是认知、情感、意志共同作用的过程，伴随主体的情感体现，受意志力量的支撑。

三、信念系统

信念系统是受教育主体对于所学理论本身的需求和坚信程度,是主体进行价值建构的能量来源。康德认为,“可认识得到的东西有三种:意见的事情、事实、信念的东西”。信念系统是一种复杂的心理状态,介于无根据的意见和可靠知识之间的,内涵了认知、情感和意志的合成精神,具有情感色彩与力求实现的一种观念形式。可以说,知识系统和心理系统本身并不能体现主体的价值倾向,只有信念系统才能体现价值主体对于价值理想及其价值依据的笃信和奉行,其本质就是价值人格上自我超越。心理学家奥尔波特(G. W. Allport)指出:“每个人无论他是否有宗教倾向,都有自己最终的假定前提”,而这些前提“对属于他们的所有行为产生了创造性的压力。”由此可见,信念系统是人的思维方式中非常重要并且相对稳定、相对核心的因素,一种信念一旦形成后就会对人的实践活动起着指导和制约作用,它主宰了价值主体对价值关系的感知和反应倾向。

从本质上说,核心价值观的形成过程是主体精神成长和精神创造的过程,与其他知识传授过程不同,它不仅仅是从“旧知”到“新知”的过程,更是从“知”到“信”的过程,因此,主体既有的信念系统在核心价值观的建构过程中具有更加重要的动力作用。阿伦森认为,内化“是将准则信念内化,这是对社会影响的最持久、最根深蒂固的反应。把某种信念内化的动机是想使自己正确而不犯错误的愿望。因而,对于这种信念的奖赏也是内在的。如果我们觉得施加影响的那个人是可信赖的,而且他有很好的判断能力,那么我们就会接受他(或她)所提倡的信念,并把这些信念纳入自己的准则体系中,一旦它成了我们自己体系的一部分,它就可以和发源者无关而成为自己的准则,并且将变得非常难于改变”。信念系统大体可以包括三个方面:主体对于所学理论的实际需求,即对于价值本身的终极关怀,这决定了其是否能够主动的参与到建构过程中;对于所学理论的真理性认知,即是否相信所接受的意识形态理论和价值标准具有真理性和权威性,这决定了其理论建构方向的正确性;对于所学理论的实践价值,即是否相信所建构的理论体系具有现实的指导意义和价值功能,这决定了其是否能够按照已知的政治要求和道德标准做出符合阶级的和社会要求的行为决定。信念是价值观的核心,相比知识系统和心理系统,信念系统具有更深层次的心理基础,比如,人们认识一件事物,但却不一定信它。心理学研究认为,知识转化为信念的机制在于,通过人的理智获得逻辑严密的、有论证的解释,并且意识到个人需要的满足与社会利益有密切联系,从而使人对某种观念的正确性坚定不移。在信念产生的过程中,情感、意志以及道德体验等共同发生作用。信念系统一旦形成，便使主体表现出一定的稳定、持久的倾向性和偏向性，直接影响到主体对于相关信息的选择和接受，比如，如果一个人相信"人情淡如纸，金钱大过天"，那么他就很难理解"不要做金钱的奴隶"这样的观念。也就是说，信念主体由于对自己所持观念的笃信，而产生一种维护自身观念而排斥其他观念的责任感，这种责任感可以成为主体自觉、主动、积极地去追求观念实现的巨大动力，使信念主体依据自己的有关信念来思考问题、评价事物、选择行为。主体的信念系统使主体由他律状态走向自律状态，将社会价值准则内化为了自身的行为准则和内在属性。

综上，作为由学生主体的意识建构起来的精神世界，主体的知识系统、心理系统和信念系统是大学生核心价值观生成的内在基础和加工机制，但是，核心价值观也绝对不是虚幻的空中楼阁，它不是主观自生的，而是在大学生群体生活实践中获得的，来源于大学生的现实生活方式和社会关系状况，是主体以特定的社会地位和角色长期从事各种社会实践活动，并在其中对那些多次验证、反馈的观念进行积累、沉淀和内化，进而形成相应的价值观。马克思主义认为，"社会生活在本质上是实践的。凡是把理论导致神秘主义的神秘东西，都能在人的实践中以及对这个实践的理解中得到合理的解决"。实践是人类有意识有目的的征服世界、改造世界的活动，价值观的主观性或主体性反映的是主体在认识活动中的能动性，不能脱离人的实践活动而单独存在。"我们的祖先最初在创造社会意识形态的时候，没有任何教科书可供参考，唯一的直接的泉源是人们在物质生产活动中形成的种种心理。"大学生核心价值观是大学生群体主动反思、主动建构的结果，而现实的生活实践就是这种建构的基础和源泉。

第三节　大学生核心价值观形成的过程机制

从动态的角度来讲，大学生核心价值观的生成要以价值主体的意识自觉为基础，以群体之间的互动共识为过程机制，以教育影响下的价值升华为驱动力。

一、价值自觉：大学生核心价值观生成的精神基础

价值观说到底是人的价值观，是由人的实践活动引发而又指向人的，来自于价值主体对于客观世界和自身存在意义的领会，来自于价值主体的主动参与，有目的、有意识地努力去理解、去建构。任何一种价值观都是人们自我觉醒和理性认识的结果，主体所从事各种社会实践活动，都不能脱离主体特定的利益需要和自我意

识,相反却总是会在这些利益需要和自我意识的推动下开展的。事实上,也只有当作为主体的个人或群体在社会生活实践活动中,不仅正确地掌握了客观对象,并通过自我意识掌握自身,把主客体区分开来,才能形成需要意识,进而在社会生活实践活动中,以这些需要和自我意识为尺度认识评价客体及自身实践活动,经过这样无数次的积累和反复,从而形成了各式各样的价值观。因此,作为主体的人的思想意识发展程度,就决定了其价值观的形成和完善程度。只有人真正成了价值的主体时,才能够在处理自身与外界价值现象关系的对象性活动中,表现出独立思考、自主选择、努力践行的主动精神,人对于价值现象的掌握和处理才会具有主动性、能动性、选择性和创造性,这也正是人的主体性和自觉性的体现。研究大学生核心价值观的生成首先要从人的思想意识的发展变化入手。

作为主体的人是有需要、有追求、有理想的。一般而言,人们对于价值的感知和需求是可以在生活实践中自发产生的,但是,能否由自发走向自觉,由外在的价值规范走向内在的价值反思,进而产生对于价值关系本质进行探索和把握的主观诉求,并开始对价值现象进行总结和规律的探索,是个体能否形成和谐稳定的核心价值观的关键。我们前面曾经说过,从价值意识到价值观再到核心价值观,是一个自发性越来越小,而自觉度越来越高的过程,是人们不断探索价值本质,不断认识和发现自我的过程。自觉是一种积极的精神能量,是主体有意识地、主动地进行自我审视并不断规划自己与社会的关系的过程,是一种高级的意识水平。主体能否使自身价值观念逐步走向完整、和谐并且科学合理,取决于人们主体性的发挥,取决于人们是否能够提升自身的自觉和理性程度。随着人们不断地自我觉醒,人们价值观水平也会不断提高,散在的价值观念和模糊的价值意识必然被系统、合理的核心价值观所取代。核心价值观是对于一般价值观的一次超越,是对自身存在的一次重新认识、重新理解和重新确证。这种超越本身不在于量的积累,而是质的提升,是人们改变以往被动的和想当然的生活状态,有意识地进行选择、接受和创造,进而形成自知、自觉的精神品质。在这种状态和品质下,主体能够重新审视自身和外界的各种价值观念,理解不同价值观念之间的相同和差异,有效地接受或抵制不同价值观念的影响,进而达到突破自身和现实局限,实现自由自觉的精神境界。

价值自我的觉醒必然会首先带来主体之间千差万别的价值需要和价值追求,这种需要和追求为核心价值观的形成提供了最为原始的动力。需要是人的一切活动的动力,从社会发展的层面来看,社会的进步就是以人的需要为动力和出发点,在旧的需求被满足、新的需求不断产生的过程中生存和发展的;从个体层面来看,需要是个体最基本的生存状态,人们对客观事物的认识和评价都是以个人的需要为基础,主体依据自身的需要进行价值判断、反思,进而形成价值观念,只有能够满足主体需要的事物才会被认为是有价值的,相反就是无价值。因为不同主体有不同的需要,所以形成的价值观也不同,与此同时,人的价值观一旦形成又反过来决定、调节、制约主体的现实需要以及动机和愿望等,进而规定着人们行为的模式。主体的自我觉醒必然带来多元多样的价值需求,其中有社会性需要、群体性需要和学生个体需要。一方面,在现实社会中,个体是不能脱离社会而存在的,个体的生存和发展需要一定的物质财富和良好的社会秩序作为基础,需要文明、和谐、健康的社会文化环境作为保障,个体要实现自我的全面发展首先必须维护好社会这一共同体的生存发展。这也就决定了个体必须自觉、自愿地创建并维护一定的社会价值规则和行为规范,这些规范是适应社会正常有序运行的客观需要而产生的,同时也符合主体对于社会安定、发展的主观需求。大学生核心价值观就首先产生于这样一种需求,大学生群体要得到充分的发展就首先要积极地了解和接受社会价值体系,这样才能同时获得社会的认同,进而形成归属感和安全感,以保障群体的顺利发展。因此,从某种意义上讲,我们可以说,任何群体对于社会性的价值体系和道德规范都具有一定的依赖性,任何群体有意违反社会价值体系,它都无法生存和发展。另一方面,大学生核心价值观是以其主体需求为依据产生的,尽管社会的主导价值观在形成过程中发挥了重要的导向功能,但并不能脱离学生的需求而独立地发挥作用。社会整体性需要是社会不同个体、群体需要的整合,要使个体或群体的价值观与社会的主导价值观相一致,就必须充分尊重其主体需求,把握需求规律,引导学生将个人需求、群体需求与社会需求统一起来,进而形成合乎社会要求的价值观念体系。大学生群体的成长发展从本质上来说就是这些整体性需要的不断满足与发展,而核心价值观就是在此动因下生成的,其目的在于引导群体形成共同的价值共识和利益格局。

价值自我的觉醒还表现在主体凭借高度的自觉在现有的价值理论的指导下对于价值观念的选择和内化。主体需要的多样化必然带来价值观念的丰富性和多样性,核心价值观的生成归根结底是不同价值观之间的价值选择的结果。价值选择是指价值主体在一定的思想和原则的指导下,以自身的价值需要为基础,在不同的机制层次和价值观点之间进行抉择的过程。价值选择是人的一种价值实践活动,是指个体立足自身需要,不断调节内在价值冲突,将社会观念选择、内化为自身的人格品质的过程,是社会核心价值体系从社会形态向个体形态的转化,从理论形态向实践形态的转化,这一过程是一个循环往复的生成过程。一方面,在冲突中选择。选择是人们对于外在的价值体系和道德规范的认同、筛选和接纳的过程,是价值主体不断改变自身价值结构以顺应新的价值关系要求的过程。个体的核心价值观是在多种价值观念的辨别和选择中形成的,而这种选择必然伴随一定的矛盾冲突。"在现实世界中,一个人不断遇到解决价值冲突的必然性,和解决这种冲突以便使他能够回答其职责的必然性。而无法逃避这种职责恰恰就是他的命运。"社会生活的复杂性、利益主体的多样性决定价值观念的多元多样,现实生活中,价值主体往往面临来自不同社会形态的各种价值体系,也会面临统一意识形态下的不同层次的价值标准和价值要求,而核心价值观的形成就是价值主体根据自身的现实状况和实际需求,寻找个人与社会、个人与他人的契合点,选择符合这一标准的价值观念用以指导个人思想行为的过程。选择首先基于认知和理解,价值主体通过体认客观事实对于主体存在的满足程度,形成一种相对模糊的价值认识;或者通过学习现有社会文化中的某些价值理念,例如善良、邪恶、真诚、孝顺等,进而获得对于特定概念的认知和理解。从内化的过程来看,受教育者并未将其内化为自己的价值体系,并未与自身建立直接的、内在的联系,简单地说,受教育者并未真正相信这些观念。另一方面,在选择中内化。核心价值观的真正形成依赖于内化,内化了的态度已成个体价值体系中的一个构成部分,成为自己的人格品质,成为支配和调节自己价值选择和价值判断的内在力量。通过内化,价值体系才能融入主体的人格系统,使其人格获得道德的特征,从意识的浅层到深层,成为持久的力量和牢固的标准,同时,人们的道德素养和心理品质不断地由低级向高级发展。内化的本质是接受和认同,即在形成价值概念的基础上,价值主体再通过理性反思或直观也能够接受、认同这些概念的社会价值,真正确信这些价值规范、准则,通过与已有的信念体系的有效链接实现对价值体系的整合和内化,转化为自身的价值信念。这个整合过程未必是自觉的、有意识的,可能是不知不觉地受其感染、暗示,逐渐实现思想、观念、意识和文化心理积淀,我们将其称为内隐的认知过程。我们现有的教育更多的关注的是主体的外显的记忆和学习过程,而往往忽视了内隐的认知过程,这种内隐认知经常是主体受到社会文化和习俗的影响而发生的内化现象,相对于外显的教育过程,内隐认知更有利于激活主体的内在情感系统,减少主体的排斥和抵触情绪。总之,我们不能脱离受教育者价值生成的内在机制而一意孤行地传授那些具体的社会价值,这是造成知行分离和伪善性格的重要根源。

总之,作为大学生群体的自我意识,作为大学生群体自我觉醒和理性认知的结果,大学生核心价值观的生成是以学生主体的价值自觉为原动力的,是价值主体对于自身的需求关系和价值关系的深层次的理解和确证,是精神内在的、整体的生成,是大学生群体理性自觉的结果,是在自觉的选择中建立的。

二、价值共识:大学生核心价值观生成的内在机制

大学生核心价值观的生成固然以个体的精神自觉为基础,但却是在群体的交往互动过程中逐步共识形成的。所谓价值共识就是指不同价值主体之间通过相互沟通等方式而达成的对于某类价值的一致性的观点和态度,价值共识可以是个体与个体之间,也可以是个体与群体、群体与群体或者个体与社会之间的。价值共识是相对差异而言的,不存在差异就无所谓共识。客观地讲,大学生的价值观是千姿百态的,特别是受到多元价值取向和社会思潮的影响,他们的价值观的差异性日益显著、个性自由极度张扬,而共识就是在这种差异、这种多元多样基础上的共同认识和认可,是一种统一、内洽的共同价值理念的认同,就是我们所说的"求同存异""和而不同"。共识不是一成不变的,是永远生成着的开放的价值系统,已形成的共识可能因主客观因素的某些变化而扩大或者缩小。当前,受到经济体制深刻变革、社会结构深刻变动、利益格局深刻调整等方面的影响,大学生群体的利益需求的分化和差异程度逐渐增大,各种利益矛盾不断凸显,价值观念多元化趋势日益明显,这就迫切需要个体之间的积极地交往、沟通,并尊重差异、包容多样,最大限度地形成思想共识,并在这种共识下,凝聚群体核心价值观念。只有在核心价值观的引导下,多元主义所带来的散漫和混乱才能被消解,个体的需要和群体的需要才能统一起来,才能得到群体的支持和认同,才能使个体、群体得到和谐、稳定的发展。

很多学者对于"价值共识何以可能"这一问题进行了深入的探讨。有学者指出,"价值共识的最大可能性就在于公共价值的存在。公共价值是指同一价值客体或同类价值客体能同时满足不同主体甚至是公众(或民众)的相同需要这种效用和意义。公共价值具有普适性、公众性、社会层面性等特征。"有学者认为,"人是一种类存在物,都以实践(生产与交往)的方式存在着;作为意识的价值观念归根结底是对社会存在的反映。因此,在日益趋同的生产实践、交往实践的基础上,至少某些价值共识既是必要的,也是可能的"。无论是从理论或是现实来看,价值共识都是客观存在的,"认识一致是人类任何真正结合所必需的基础,这一结合又与其他两个基本条件有相应的联系:感情上的充分一致,利益上的某种相通"。无论是个人的发展或是社会的发展都需要价值共识的存在,而这种共识的达成本质上取决于价值主体之间的统一性,取决于主体的利益诉求的一致性。每一个主体都有他自身的特征特点,都有它的内在的评价标准和利益需求,这些内在的尺度使其区别于其他个体而独特存在。但是,人的本质是社会性,作为社会生活中的一员,主体之间也存在一些公共点,主体之间相对一致的需求和利益越多,则他们越容易

形成价值共识,而如果他们之间的需求和利益是对立的或者相左的,那么形成价值共识的难度就比较大。因此,根本上来讲,价值共识并不是对于“多元”和“差异”的简单否定,而是基于公共利益基础上的多方利益的互动与协调,只要能够寻找到人们之间共同的利益需求、建立共同的利益关系,价值共识就必然存在。但是我们也要承认,受限于不同个体间需求和利益的差别,价值共识是存在一定限度的,要使所有的人都有同样的价值共识是非常困难的。

同时,我们也要看到,价值共识不是凭空产生的,而是在一定的社会交往实践中产生的。“社会不是由个人构成,而是表示这个人彼此发生的那些联系和关系的总和”,只有通过交往实践,才能协调人们之间的利益关系,才能形成人们得以生存和发展的共同的关系基础。任何主体的价值观都不是一蹴而就形成的,而是人们以特定的社会地位和角色长期从事各种社会实践活动,并在其中对那些多次验证、反馈的观念进行积累、沉淀和内化,进而形成相应的价值观。价值共识也不是自然而然形成的,而是在人们的交往实践中,人们在自身利益和他人利益的权衡和协商的过程中,逐步形成的。共识建立在深刻的理解的基础上,哈贝马斯曾指出日常语言的和谐互动是人们理性交往并形成价值共识的基础,“个体的人只有作为某个特殊语言共同体的成员,融入一个主体间共同承担的生活世界,才能成为有语言和行为能力的主体。在交往的教化过程中,个人和集体同时获得其同一性”。尽管交往主体之间的认识和基本利益需求是有差异的,但是可以通过行动的交往和语言的交流,实现信息、物质、思想乃至价值观的交流和互动,彼此之间有意识或无意识地施加相互影响,形成情感和心理上链接,加深彼此的理解和认识,寻找或建立共同的利益关系,并逐渐通过链接和协调减少之间的差异和冲突;随着交往的深入,人们之间的交叉领域日益扩大,认识层次不断提高,进而形成了共同的认识和类似的经验,人们之间的共识领域也不断扩大,并在此基础上形成普遍认同和遵守的价值规则,用于长期、一贯地协调人们之间的交往和生活。因此,既然是“共识”,就是共同的认识,就必然是在相互沟通、相互交流的过程中形成,是通过沟通和理解非强制性地接洽和融合不同的价值观念,是多个价值主体之间消除差异共同创造新的价值秩序和价值准则的过程。

大学生核心价值观作为一个特定群体的核心价值观,其生成的过程机制是群体内部的价值共识,只有具备在一些根本问题上的一致性的认识,才能在此基础上整合生发出作为群体共同价值标准和共同取向的价值观念。相对于更为广泛的社会群体,大学生群体的价值共识的产生过程是相对容易的。一方面,大学生群体有共同的利益需求。对于大学生群体而言,因其特定的文化背景和成长阅历,而有着相同的成长需求和价值目标,并因此而结合形成相对统一的共同体和价值主体,正是由于有着这些共同基础,才使他们更容易产生共同的心理感受和观念共识。但是,从需求的层次角度来看,受到生存条件和生活空间的影响,他们的基本需要是大体相同的,即他们还停留在经济依赖的阶段,更多的学生以满足基本的生活学习的需要为基本要求,这决定了一些基础生活层面的价值观念在这一群体内部是比较容易达成共识的;上升到较高层次,对待生活的态度和追求,大学生群体的差异就比较大了,这些复杂多变的需要有的直接涉及主体现实的和直接的利益,有的则涉及主体的价值理想和境界,在这些方面形成较为稳定的价值共识,就增加主体间的相互妥协,从其他主体的角度思考问题、均衡利益,更需要外在的教育和引导。另一方面,大学生群体的交往实践比较密切。大学生群体长期生活在相对封闭的校园环境中,这种相对同质化的生活背景和彼此间密切的交往实践活动必然导致了"主体间性"话的频繁,使他们在观念、行为等方面易于走向趋同,这种较强的内聚力使得群体内部的价值观念容易被认同、强化并积聚,增强群体的内聚力和文化认同,进而了形成独特的文化特质和价值共识。但它也容易导致价值封闭,大学生群体的本位价值容易逐步与社会价值发生冲突和对抗。因此,尽管大学生群体的思想观念多元多样,但受到群体内部同质性的影响,群体的价值共识比较容易产生和达成,这为大学生核心价值观的形成奠定了坚实的基础。

总之,价值共识是大学生群体社会化过程中的一个必然的产物,大学生群体一旦形成某种价值共识,便会不遗余力地认同它、维护它,个体要有效地融入群体之中,就必然要分享与群体共同的价值取向,产生某些价值共鸣。但是,受到群体认识水平和实践能力的限制,任何一个群体靠自发产生的价值观都具有一定局限性,都只是为了维护这一特定群体的利益而存在的,可能会形成相应的"群体误区",也就是说,理想的共识是产生于科学思想和正确认识基础上的,因此,朴素的价值共识还需要在教育引导中得到整合和提升。

三、价值升华:大学生核心价值观生成的驱动力

所谓升华是用理性来审视和检阅我们的价值观,将价值观念整合概括、提升和凝练,使价值观从低级走向高级,从局部走向整体,从个人走向社会,不断合理化,超越现实的价值关系和现有价值观念,使价值观形成群体共识的价值理想。康德把人的认识划分为感性、知性和理性三个阶段,其中,理性阶段是人们精神超越现实,超越感性的肤浅和知性的多样并达到科学认知的关键环节。升华就是理性超越的过程,是人们自觉地对现有的认识成果进行反思和批判的过程,升华的目的在

于形成完整、内洽的核心价值。我们把升华划分为两个具体的过程：一是系统整合；二是凝练提升。

系统整合，就是按照某一种原则和方式整理和组合，使之系统化、一体化，就是把散在的价值观点汇聚、调和，形成相对完整的价值体系结构的过程。通过整合，可以使人们的观念走向融合，走向精炼，以提高价值观念的完整性和组织性水平，进而作为一种群体意识和观念凸显并逐渐固化下来，成为人们所普遍认同的基本的价值体系。核心价值观是一个系统的整体结构，其内部包含着复杂的、相互关联、相互支撑的价值观念，是一个内容和结构的统一体。一般来讲，人们靠自发形成的价值共识往往是零散的，甚至是非理性的，而要形成系统化、理论化和高度抽象概括性的价值意识就要通过整合。伴随着这种整合，大学生群体作为一个利益共同体的意识和命运逐渐被群体中的成员感知和接纳，群体意识逐渐成熟并凸显出来。整合是一个选择和融合的过程，需要对已经被选择的价值观进行整理然后合成在一起。选择是整合的前提，更关键的是合成的过程，要使这些散在的价值观念根据相应的价值层次和意义内涵汇聚在一起，形成相对核心、相对系统的价值体系。整个整合过程有三个主要任务：首先是系统化的整合，对于多方面、多角度的价值共识进行选择、消化，使同一类型和内涵的价值观念被规整到一起，相互联系、相互支撑，形成有层次、有梯度的价值体系，强化了同一类型价值观念在群体内的影响效能和说服力。其次是方向性的整合，即吸收那些有利于个体或群体发展的适时的价值共识，抵制或消解那些不利于个体或者群体发展的过时的价值趋向，主体之间所共识的价值观念并不一定都是积极的、正向的，也存在一些因为某些特定利益的驱使而产生价值偏差，对于此需要我们在整合的过程中去伪存真，将有益的价值观念整合起来，形成结构合理的、科学的社会价值体系。再次，价值整合更是利益协调的过程，前面我们说过，在很多情况下，价值共识并不是能够完全依靠自发的力量形成的，而要通过整合，将那些因利益纷争而尚未形成共识的观念统一起来，使新的价值观念符合群体中更为广大的人们的利益和需求。价值观念只有通过整合才能形成体系、形成规范，形成相对统一的价值标准，否则价值观念就是散在的、不成体系的，就难以在群体内得到稳定、持续的、有明确价值追求的观念。价值整合需要依据一定的原则和标准，对于一个群体而言，首先依据的是群体自身的利益需求，要符合群体未来发展方向。同时，也要符合社会大环境的客观要求，任何群体都不是孤立于社会而存在的，群体的机制观念可以有自身的独特体现，但始终不能背离社会总体的发展要求。价值整合是一个动态的过程，新的价值观念在不断产生，整合过程也要在不断寻求某种合理结构体系的基础上，建立多元共存的、社会普遍合理的、统合式的价值规范体系。

凝练提升，是指在价值真理的指导下，超越主体当前的、个人化的价值现实和价值关系，使价值观更加合理、更加和谐、更加崇高，是价值主体自觉的反思、概括、阐释自身核心价值观念的过程。凝练提升要具有兼容性、超越性和开放性等品格；兼容性是指核心价值观要具有普遍化的性质，是为广大学生群体所共同认可和遵守的价值秩序；超越性是指核心价值观来源于现实生活，同时又是对现实价值水准的超越，能够引领学生群体向更高层次的价值理想和价值追求迈进；开放性是指核心价值观是一个开放的体系，不断吸收学生思想观念的新变化新趋向。此外，通过凝练提升还使价值取向从个人向社会转化。人是个人存在但更是社会存在，凝练和提升的一个重要目的就是使个人价值和社会价值统一起来，最终实现人们价值理想的转化和升华。贝塔朗菲（L. V. Bertalanffy）指出："从史前阶段到如今，人类在这种无穷无尽的选择和决断中，挑选出一些既具有普遍意义又十分抽象的概念，作为价值的典范。快乐、社会公德、仁慈、真理、美好、神就是其中的几个。价值理论的任务就是要阐明这些概念的来源和含义，揭示由它们所能派生出来的最终的概念以及它们对人类行为和社会所产生的影响。"近年来，学术界经常探讨的是"社会主义核心价值观的凝练"问题，即如何用相对简单、易懂的词汇去表达社会主义核心价值观，用以引领全国人民的思想文化建设。通过凝练大学生核心价值观，一方面，可以提升群体自身的价值自觉，凝练出来的核心价值观是大学生群体的价值意识经过理论化了的自觉形式，可以帮助我们进一步厘清当代大学生的角色内涵和时代特征，深化对大学生核心价值观的理性认知；另一方面，可以提升教育引导的实际效果，凝练出的核心价值观更为生动、直接，更易于在学生中传播，是核心价值观培育的一个有效形式。此外，群体核心价值观的凝练也无疑丰富了社会主义核心价值观的内涵，为促进理论体系的深入发展奠定了基础。由此可见，大学生核心价值观的生成是对现成的社会价值和个体价值的超越，是价值理想对价值现实的超越，其关键在于升华，凝练提升是一种观念的升级，是从主体的心理意识向一种群体意识或社会意识的转变，从相对低级的个人的需求和利益向比较崇高的方向和追求的转变，是具有创造性和建设性意义的变化。

升华建立在共识的基础上，是对于人们共识的观点的一种整合。如果说共识可以通过自下而上、自发的力量来完成，而升华更多是要通过自上而下的教化和引导，是依靠社会文化和教育的力量吸收、融化、调和，使价值观念发生内容和形式上的变化，进而产生一种新的、完整的价值体系。在现实生活中，我们的社会主义核心价值观来自于马克思主义思想体系，马克思主义理论是对扎根于现实世界、符合客观发展规律的未来理想社会的向往和追求，也是被我们验证过的科学的理论体系，只有拥有科学依据才能使核心价值观具有强大的生命力。大学生核心价值观的生成也迫切需要这种科学精神的指引，大学生群体虽然先天具有一定的先锋性和超越性，但是，受到社会经验缺乏、认识水平有限的影响，他们的思想意识要得到升华，依然需要科学思想的教育和引领，特别是在当前多元价值观念不断侵扰和腐蚀大学生思想的境遇下，大学生群体不仅内化了正确的价值观念和道德规范，同时也内化了诸多负面的、错误的价值观念和西化思想，更多的功利思想、消极观念在大学生群体中滋长。不少大学生在这种纷繁复杂的观念中迷失了自我，丧失了生成自身核心价值观的能力，表现出自我同一性建立的困难，在不同的生活情境中难以用相对统一的价值标准进行判断，有些学生甚至一方面用苛刻的道德标准要求社会要求他人，而另一方面则用一套实用主义的、低标准的道德标准要求自己，这很容易导致知行的不一，甚至道德人格的分裂。因此，迫切需要一套科学的理论体系对其进行引领，帮助他们不断淘汰、剔除错误的价值观，强化、聚合正确的价值观，生成科学的、高尚的、符合群体特征和社会要求的核心价值观。

第四节　大学生核心价值观生成的环境条件

"环境泛指个体生存于其中，在个体的活动交往中，与个体相互作用并影响个体发展的外部世界。人的生存与发展环境十分复杂，根据其性质可以把它分为自然环境与社会环境两大类。"前面我们说过，大学生核心价值观的生成是主客体交互作用的结果，学生的主体生成也要在一定的客观环境和条件的支持下才能实现。总的来讲，大学生核心价值观生成的环境条件主要包括家庭环境、教育环境、文化氛围等。

一、家庭环境

家庭环境就是家庭群体中的全体成员在长期的共同生活中所创造的一种文化氛围，它从思想、政治、经济、文化全方位、立体式地影响和贯穿大学生成长全过程，对大学生成长成才起着关键性的作用。中国社会结构的特点之一就是家国同构，家庭在中国人的伦理生活和德性成长中也就最为重要，每个人最初的社会化是在家庭里进行的，父母的抚养风格、父母的价值取向、态度都会给个体价值观的形成发展带来深刻的影响。有学者曾经指出："家庭自产生之日起，就担负着为社会培养未来公民的重要使命，这不仅是家庭亘古不变的功能，也正是家庭之所以存在的理由之一。"大学生核心价值观是在诸多一般价值观的基础上形成,而这些价值观都是在学生成长发展过程中逐步获得的,更多地受到父母家庭的影响。总体来讲,家庭环境对于大学生核心价值观的生成有以下两个方面的作用。首先,家庭教育使个体获得最普遍最基础的价值规范。家庭伦理是中国伦理的本位,个体关于"仁爱""孝敬""责任"等基础价值观点,都是从家庭中获得的,我国古代的"五伦",即父慈子孝、君惠臣忠、兄友弟恭、夫义妇顺、朋友有信,这些观念都是家庭伦理道德核心,延绵至今虽然也发生了一些变化,但是其价值内核却依然占据着重要位置,并长期地影响着一代又一代人,对个体的成长发展发挥着长效的作用。其次,家庭为个体提供了价值实践的场所。我国传统社会的家庭更多以家族的形式呈现,虽然近年来家庭的规模在逐渐缩小,但是家族观念依然存在,家庭内部的伦理关系依旧复杂,这也为个体的价值实现提供很好的场所。个体不仅在家庭中习得价值观念,同时也可以使其在现实的人际关系中得到有效的践行,进而强化价值观念。

除了特定的家庭文化和家庭教育以外,家庭的其他环境因素也对学生的核心价值观的生成具有潜移默化的影响作用,比如,家庭的经济状况影响、家庭成员的文化素养和教养方式等等。总之,家长是孩子的第一任老师,家长是学生成长过程中最重要的模仿对象,家长的言行、性格、处理问题的态度常常潜移默化地影响自己的孩子。大学生核心价值观的生成需要家庭环境的有效支持,健康的家庭文化和科学的家庭教育是学生习得基础价值规范的重要基础。

二、学校教育

学校教育是大学生核心价值观生成的最核心的教育环境。"教育在于使年轻一代系统地社会化。"学校教育是一种有目的、有计划地培养人的社会实践活动,是按照既定的人才培养规格,通过唤醒学生成长过程中所蕴含的符合教育目的的各种可能因素,并使其在学生的整个成长过程中发挥主导和支配作用,以改变其在自然状态下的自为的成长状况,达到其教育的最终目标。大学生核心价值观具有较高的整合性和理想性,它的生成不能完全依靠主体的自发来获得,而需要外界的科学的教育和引导,进而有效地整合和提升大学生群体现有的机制体系。学校教育对于大学生核心价值观的生成具有两方面的重大意义:一是学校教育是学生形成社会意识、公民意识的重要教育基地。

一般来讲,家庭教育更加侧重学生个体的生存价值,而学校更加突出培养社会和国家所需要的社会公民,传递社会主流价值观念、帮助学生了解社会适应社会是学校教育的一项重要内容。大学生核心价值观是指导学生成长和发展的核心价值理念,不仅包含个人价值层面更包含社会价值层面,学校教育是将个体引向社会,并使个体摆脱自我和家庭的局限,实现价值观念的升华和超越的重要场所。二是学校教育提升主体的价值自觉。价值的生成有赖于主体的理性自觉,而理性自觉能力的提高要以个体的思维能力、反思意识和能力为基础,学校教育本身就是自觉地传授价值体系的教育机构,相对于家庭教育的潜移默化,学校教育更为直接、更为理性。通过学校教育,学生开始有意识地思考和构建自身的价值体系,学生个体的思维能力、反思能力和价值判断能力都在不断地提升,进而启发学生不断建构、完善和升华自身的价值体系。

总之,学校教育对人的发展具有重要的主导作用,是系统、有效地进行价值体系教育的一种形式。大学生核心价值观的生成需要学校教育的支撑和牵引。当然,学校教育在学生核心价值观的生成过程中的作用也有一定的局限。比如,学校提供的是一个相对纯净的文化环境,“它既可以充分发挥个体遗传上的优势,使之得到较好的发展,又可以控制环境对人的自发影响,利用和发挥环境中积极因素的作用,限制和排除环境中消极因素的影响”,这种单纯的教育环境再加上传统的应试教育思想的影响,学生所获得的价值教育多少有些生硬和教条,不够贴近具体的、现实的生活。

三、社会环境

“人创造环境,同样,环境也创造人。”社会环境是人们所生存于其中的一切社会物质精神因素的总和。从横向上看,包括自然环境、政治环境、文化环境和经济环境;纵向上看,包括社会大环境和区域小环境等。社会是学生进行价值实践的主要场所,是最生动的教育平台,社会政治、经济和文化环境决定、影响和制约着大学生核心价值观的生成和发展。随着时代的迅猛发展,经济全球化、文化多样化、价值取向多元化,人们处在开放的环境下,时代的发展给人们的选择提供了广阔的空间。社会环境的变化也必然带来人们的主观世界的巨大改变,人们不仅思想观念和价值体系的冲突加剧,同时思想也空前活跃,自觉意识和选择能力也在逐渐提高,构建适合自身和社会发展的价值系统越来越重要。总的来讲,社会环境对大学生的影响有直接和间接之分,直接影响是指大学生通过直接参加社会实践活动而获得的影响,间接影响是指大学生受到社会文化、媒介的熏染而间接获得影响。对于大学生群体而言,更多的是受到社会环境的间接影响,通过网络传媒、社会文化熏陶等作用于自身,其价值观、知识体系等各个方面都有其特定社会文化积淀的影响。大学生通过直接或间接的接触社会获取知识经验,为自身的成长发展奠定现实基础,进一步明晰自身的核心价值取向。此外,随着社会大众文化与大学生群体文化的不断融合,两者之间的界限逐渐模糊,社会文化现象进入校园带来大学生文化发展的多元化,对于大学生群体的影响也逐渐加深。

综上,对于个体而言,他们的成长都接受所处的社会制度的规范和约束,受到文化传统、学校教育的影响以及家庭环境的影响,其成长过程都会受到来自外界环境的积极或消极的影响,环境自然也成为学生成长规律研究过程不可回避的基本问题,构成学生成长规律形成的要素之一,共同作用于学生成长成才的全过程。

第五章　当代大学生核心价值观的培育策略

大学生核心价值观的形成不是单纯依靠群体自身力量自发建构的结果,而是在外界的教育和影响下形成发展的。大学生核心价值观培育是社会主义核心价值体系融入大学生思想政治教育全过程的一种特殊形态,就是旨在通过有计划、有目的的教育引导活动,使大学生形成符合社会主义核心价值体系要求的价值追求和价值理念。这一教育内容并不是简单地对应于某一堂课或者某一项专门的教育内容,而是作为一种教育目标和教育思想渗透于整个学校教育之中,特别是融入现有的思想政治教育体系之中,这就需要我们进一步转换思维方式,改善教育方法,并在队伍建设和政策环境等环节上下功夫,保障核心价值观教育的有效实施。

第一节　当代大学生核心价值观培育的目标确立

在《辞海》中,“目标” 一是指目的,二是指标准、对象。《新华词典》解释为:一是指设计、共计或寻求的对象;二是指想要达到的境地或标准。一般来讲,在人们日常生活中往往将目标与目的作为近义词或同义词使用,但也有学者认为“目标是目的的分解和具体化”,它与目的相比要具体一些。《中国大百科全书(教育卷)》对教育目的的定义为:“把受教育者培养成一定社会需要的人的总要求。教育目的是根据一定社会的政治、经济、生产、文化、科学技术发展的要求和受教育者身心发展的状况确定的,它反映了一定社会对受教育者的要求,是教育工作的出发点和最终目标,也是确定教育内容、选择教育方法、检查和评价教育效果的根据。”大学生核心价值观培育的目标是人们对受教育者在接受教育后在思想素质方面产生的发展结果或积极变化。核心价值观的培育到底要促进受教育者哪些方面的变化,其与一般价值观的培育在目标定位上有什么不同,是我们需要探讨的一个核心问题。

一、目标的总体定位

关于“价值观是否可教”的问题,一直都是学术界争论不休的一个命题。作为具有一定社会历史文化属性的“价值观”,其产生就不是纯粹主观的,或者说不是完全自觉自为的过程,而需要外在的唤醒和教化,特别是对于具有较强意识形态性和真理性的核心价值观而言,更需要一个长期的培育的过程。但是,大学生核心价值观的培育绝不仅仅是单纯的外在观念的讲解和教化,更重要的是要通过这些核心观念的传递,进而培养学生这些核心观念所需的人格基础和实践能力。从某种意义上来讲,外在的价值规范或价值观念只有转变为主体的"为我"的人格品质,才能具有活力和生机。

核心价值观是主体人格系统中最核心、最基础的层次,它是主体进行一切价值判断的内在依据。核心价值观的培育不完全等同于一般价值观的培育,这种差异的产生源于两者内在不同,具体表现在三个方面:首先,在存在形态上,一般价值观总是基于特定价值关系而产生,是对特定价值关系的散在的、具体的反映,核心价值观是基于由诸多一般价值观所组成的价值观念体系而产生,反映和揭示了某一类价值观在整个价值体系中的地位和作用,是对整个价值关系的完整的、系统的反映。其次,从最终指向上来看,一般价值观更多是社会经济文化、历史传统在人的本质深处的投射和反映,具有极强的社会性、历史性,核心价值观除了具有上述特性之外,更为关注个体人格的完整性与个体发展的超越性,也更为依赖个体的理性自觉能力。再次,一般价值观有对错之分,而核心价值观则强调用一个科学、完整的理论体系引领主体的价值观念,具有较强的真理性。因此,核心价值观的培育与一般价值观的培育不同,而是指向价值人格的完善和精神境界的提升。

某种意义上说,价值观本身就是由诸多一般性的价值准则和道德规范组成,但这并不是说我们可以用这些诸多价值规则代替核心价值观的培育,价值规范是散在的、条理性的,只能散在于人们的知识体系中,一旦这些散在的规则规范的培育取代了对于生活的核心意义的反思,则"道德概念已然成了一个边缘性的、并非主动用来充实完善自己的,不是为了比实践德行本身更好或更多的缘故去运用它,而是我们的人性迫使我们必须要制定规则才能保障正常的活动秩序,道德从内心转向外在,也就从中心转向外围和边缘"。作为承担着培养人的深刻任务的学校教育,应该传递的不是"具体规则",而应该是"核心道德"。尤其是在当前全球化的文化背景下,人们正面临着多元的文化氛围、多元的选择以及人生的多种"冲突与整合",受到工具化取向的影响,在很多学者眼里,价值相对主义是可以允许的,诸多的价值规范似乎都有其存在的合理空间。现象学教育学家马克斯·范梅南就曾经指出,今天的年轻一代生活在一个愈益支离破碎、充满着矛盾和诱惑的世界当中,"生长在一个不确定的世界,一个充满了太多相互矛盾的世界观、价值观和目的观的世界"。核心价值观教育正是我们应对这些诸多、混乱的价值社会的一种对策和手段,我们要提供的不仅仅是面对某一具体道德情景的具体的行为规范,也不是一般意义上的价值原则,而是为人们提供生活的最终意义和核心价值。人们从这样的终极和核心价值出发,才能反观社会,反观人生,反观自我;才能由"自在的"存在,进入自为、自觉的存在。

从本质上来讲,核心价值观的培育最终指向的是主体的价值人格的完整和精神境界的提升。所谓"人格",是一种理性自觉的能力,是指具有稳定性和确定性的内在价值原则和价值观念的主体,它表现着社会与个人、内与外、知与行在人格主体上的统一。任何价值原则和规范都必须与主体的德性和品格联系在一起,否则就会成为外在于人的工具,只有形成这种稳定的人格品质才能长期的、一贯的指导学生的思想行为,价值主体才真正从他律走向自律,才具有高的自觉性,能够上升到理性的层面指导和约束自己的行为。康德曾说,当一个人没有任何功利考虑和外在强制,自觉去履行自己的义务时,他的行为才是道德的。也就是说,只有当个体科学的、稳定的价值人格形成之时,才是其核心价值观真正形成的时刻。相比起一般的价值心理和价值观念,价值人格是较为高级的存在方式,具有更强的稳定性和完整性,是人对自身存在意义与价值的一种高度自觉的状态。所谓"境界",是指"人的生命的实现样态""呈现为生命的总体质量规格、水平状态和风格样貌",境界反映了主体综合性的价值理想和价值追求的层次,反映了主体超越现实局限、不断感知追求更为深刻的价值真理的能力和水平。因此,核心价值观的培育具有更为深刻的完整性、自觉性和真理性。它不是散在的某一个单一维度的观念传递和教化,不是仅仅停留于指导现实生活的规范和准则,也不是任意的、相对的价值事实和情境的罗列,而是指向一个人的全部、一个人的整体风貌的完整人格的系统性培育,是唤醒人的主体意识和价值自觉、将主体从自为状态引向自觉状态的主体性培育,是以价值真理和科学理论为指导的导向性培育。

二、目标的层次结构

概括起来,当前大学生核心价值观培育主要承载着以下三方面的目的和任务:一是知识和技能层面,即传递社会主义核心价值体系知识的认识、理解和运用,使学生接受并认同社会主义核心价值体系的基本内容,领会社会主义核心价值体系的基本内涵和精神实质,将其转化为指导自身思想行为的价值标准和价值追求。二是过程和方法层面,即帮助大学生形成价值判断、价值选择的科学方法和思维,唤醒主体的价值自觉,即引发学生对于价值问题的深入思考,对于价值理想和价值目标的主动追求,提升学生对于价值现象的思考能力和创价能力。三是情感态度与价值观层面,即关键目标是培育主体的价值人格,整合主体的价值观念体系,提升主体的价值追求和精神境界，形成完整的、崇高的核心价值观。严格来讲，知识和技能层面是核心价值观培育的浅层目标，当前，我们更应该注重的是从知识技能向情感态度和价值观的过渡。

知识是人格结构中的一个重要因素，虽然价值观的教育以知识为基础，但是我们也要承认价值观的非客观性，即它是以主观需求和个人体验为基础的较为个性化的品质，具有一定的相对性。因此，它既涉及显性的知识教育的过程，更涉及主体的隐形的情感培养以及意志锻炼等主观建构过程，“它所关注的不是学生有关事实性知识、程序性知识，或与职业活动直接相关的知识和技能的获得，而是学生价值观念和价值态度的形成、价值理念的提升、价值信念的建立以及基于正确价值原则的生活方式的形成”。在当前的教育实践活动中，对于大学生的核心价值观的培育更多是停留在相关理论知识教育的层面，甚至将知识作为第一性的、独立的、自称目的的主体，德育教师往往将特定知识和规则的传递作为主要任务，忽视了学生情感体验和道德人格的形成，重视逻辑认知教育而轻视感情体悟教育；学生也往往为了应付相应的知识考试而将其作为机械记忆的对象，甚至产生了相应的抵触情绪，这是我们长期以来“主知主义”的德育方式的结果。价值观教育变成了知识传授的过程，等同于智育，德性成了一个知识性的德目，而脱离了人的现实生存和生活实际，这样的价值观教育背离了自身的本质属性，也无法使受教育者形成持久的价值人格和价值行为。从工具理性的角度来看，掌握了知识也就基本完成了教育的主要任务，学生也将知识作为自己发展的资本，不再关注自身的生活理念和价值追求，使人们陷入了道德虚无的境地，忽视了人之为人的精神性的发展，但是，单纯的知识、主知主义的价值观教育，其效果是微乎其微的。知识不是核心价值观形成的本质成分，对于相关知识的了解的确能够帮助个体发展道德判断和推理能力，但并不必然引发道德情感和道德行为，而“当人们离开了自己的生活，离开了对生活根本意义的探寻去索取、去使用知识时，知识往往就成为一匹脱缰的野马，在‘无善’的引导下为所欲为、无所不为”，这也彻底背离了我们核心价值观教育的真实目的。因此，把核心价值观教育仅仅限于知识教育，就会混淆“应然”和“实然”的区别，就会导致知与行的脱节。

总之，核心价值观的培育本质不在于形成特定的知识体系，而是指向人的精神家园建设的，根本的意义是内在的“品格”，在于形成一种价值认识和价值信念以及与之相应的行为方式和生活方式，在于引导学生自觉追求真、善、美，自觉探寻人生的终极意义。核心价值观教育本质上是实践的，是要带领人们不断探求生命意义，从而使人有一种高尚的价值追求，使人们在多元的复杂的社会中明辨是非，坚持自己的价值追求。知识主要解决“事实”的问题,强调的是认知,是从已知到未知的转化,从而形成个体的认知结构。

第二节　当代大学生核心价值观培育的基本原则

原则是我们教育活动开展所依据的基本准则,大学生核心价值观的培育要依据以下四个方面的立场、观点、方法。

一、个人取向与公共取向相结合

价值中立是近现代西方方法论思想的重要主张,这种主张在技能教育、资讯传播方面具有一定的合理性,但却不适用于思想政治教育这一特殊的教育实践活动。阶级性是思想政治教育的本质属性,传播主流价值是其主要任务。任何历史时期,从来没有普世的价值取向可为各阶级价值观教育活动所遵循。作为有计划、有目的地用马克思主义价值观念影响大学生价值观形成发展的活动,大学生核心价值观教育强调把个人取向与公共取向相结合,使其真正成为学生日常思想行为的规范、未来发展的方向。个人取向和公共取向是一组各不相同却又有机统一的教育价值观。“个体取向关注的是个体发展所需要的基本素质;公共取向则注重教育的基本内容和方式与公共利益的关系,同时为个人发展提供更加广阔的空间与平台,它体现了国家和社会的公共要求及义务教育的公共职能。”这两种取向是教育目标多维性的集中表征,个人取向凸显教育服务个人成长成才的作用和目标,公共取向则凸显教育为社会发展和政权巩固服务的作用和目标。坚持个人取向与公共取向的统一,就是要彰显社会对教育的规制作用,又突出教育对个人的积极价值。

大学生核心价值观教育要突出公共取向,始终坚持为中国特色社会主义事业培养合格的建设者和接班人。诚然,大学生核心价值观教育作为一项由公共力量推动的社会实践活动,理应体现社会发展和政权建设对社会公民的要求,但同时也应满足人自身的发展需求在教育活动中的地位和作用。社会主义核心价值体系是社会主义意识形态的本质体现,尊重和促进每个人的自由全面发展,是社会主义的基本价值目标,也应是社会主义核心价值体系的重要组成部分。以社会主义核心价值体系为指导,大学生核心价值观教育方法应在坚持公共取向的前提下,更加突出个人取向,努力构建主体性价值逻辑。主体性价值逻辑就是把大学生当作价值观教育的主体,把大学生价值生长发展需要看作教育活动的基础和动力,重视激发大学生核心价值观教育的积极性和创造性。构建主体性价值逻辑就是要坚持教育的公共取向，重视发挥教育对大学生群体价值观的引导和塑造作用，使之真正成为大学生价值观体系的有机组成部分。同时还要坚持教育的个人取向，使学生首先成为热爱生活、珍惜生命、乐观向上的社会人，然后成为具有正确思想、价值和立场的政治人，成为社会主义事业合格建设者和可靠接班人。

二、现实问题和理想目标相结合

现实问题与理想目标始终是教育理论研究和实践探索中常见的一组问题范畴。这组问题根源于人的双重生命本性，即现实性与理想性的统一。所谓现实性是指人们对自己生存和发展所依赖的环境的实事求是的认识和反映的社会特性。所谓理想性是指人们憧憬美好未来、追求幸福生活的社会特性。现实性是理想性的基础，理想性是现实性的发展趋势，二者统一于人的社会实践过程之中。教育是一种现实性活动，根植于社会现实需要，着眼于人的现实发展状况，为社会及人的发展服务。教育还是一种理想性活动，不仅基于现实，更时刻瞄准和追寻人类的终极价值，这正如雅斯贝尔斯所言："教育须有信仰，没有信仰就不成其为教育，而只是教学的技术而已。"

大学生核心价值观教育也是现实性和理想性相统一的特殊教育样式。现实性是指大学生核心价值观教育必须立足于作为现实社会中的人所必备的知识和能力素质和思想道德素质，开展形势教育以促使受教育者了解当前国内国际形势，开展时代精神教育以培育受教育者树立与市场经济相适应的竞争合作精神、与和谐社会所呼应的和谐互助精神，等等。理想性是指大学生核心价值观教育必须着眼社会理想，培养受教育者对共同理想和最高理想的信心、信念和信仰，对自我人生理想的坚守和追求。对于一直接受系统思想政治教育的大学生群体而言，他们的道德知识和价值观念不可谓不丰富，但是这些不足以支撑起进行重大的价值选择，究其原因，在很大程度上不能不归咎于我们的教育对于核心价值理念的忽视。人的生活是寻求意义的生活，而这种意义本身就是核心价值的功能体现，就是我们所要构建的精神家园。长期以来，我们的教育更多地陷入了对于社会诸多价值规范和道德规则的传递，忽视了教育的价值内核——价值主体信念和信仰的培育，而把对于德性的培养降低为规则、法律和秩序，尽管这些规则也是用于指导生活的，但是并不能解答生活中最为核心和关键的命题，并不具有超越性和引导性。只有核心价值理念确立，个体的道德的论证才能完成，道德规范的内聚才能实现。

作为一个包括共同理想和最终理想、社会发展和个人成长在内的综合性价值体系，大学生核心价值观教育要将现实取向和理想取向有机统一起来。以社会主义核心价值体系为指导,大学生核心价值观教育方法应坚持从对大学生价值观成长具有较大影响的现实问题出发,抓住有利时机,着力解决学生成长成才的实际问题,为解决学生思想问题夯实基础,着力解决学生健康成长的思想问题,为解决实际问题提供动力,用学生喜闻乐见的形式和语言传播社会主义核心价值体系,促使其内化为规范、外化为行为,这是大学生核心价值观教育的现实目标取向。同时,还要从大学生价值观形成发展规律出发,加强崇高的理想信念教育,使大学生确立正确的价值立场,在未来突发事件和重大事件的关键时刻,发挥其应有作用,这是大学生核心价值观教育方法的长远目标取向。统筹这两种发展性目标,就是要既立足解决现实的价值观问题,又将长期目标融入现实问题的解决中,推动大学生价值观体系持续健康发展。

三、真实境遇和虚拟生活相结合

真实境遇和虚拟生活相交织是当代大学生思想问题和价值观取向的主要特征。真实境遇是指大学生真实遇到的生存发展、思想文化等问题,具体来说,随着我国经济体制深刻变革、社会结构深刻变动、利益格局深刻调整、思想观念深刻变化,大学生面临的求学就业压力日渐加大,思想文化形态越发多元多样多变,马克思主义和非马克思主义的思想并存,正确与错误、先进与落后的思想相互交织。虚拟生活是指随着互联网等新兴媒体迅猛发展,互联网已实现对大学生的"全面覆盖""全程融入""每日必网""无网不在"成为当前大学生一种基本的生活方式;网络"虚拟化"特征给当代大学生的思维方式、沟通方式、表达方式和人际交往方式带来了诸多新的变化,大学生世界观、人生观、价值观的形成都被深深地打上网络烙印。当此之时,大学生价值观问题在真实和虚拟之间、自由和控制之间不断跳跃,最终形成"真实问题虚拟化,虚拟问题真实化"的问题模式。网络世界隐蔽性给诸多问题情绪的释放带来了便利,大学生价值观的现实问题逐步转化为网络空间里的虚拟争论;但看似虚拟的网络世界却是有规则的、现实世界的"倒影",其内容、行为和价值取向等问题通过真实的个体促使现实交往关系的变更,这使得大学生价值观问题在真实和虚拟之间相互纠葛。

为此,大学生核心价值观教育方法必须将真实遭遇和虚拟生活结合起来。一是要加强将大学生真实遭遇与虚拟生活相结合的载体建设,搭建核心价值观教育向网络世界渗透的平台。伴随网络技术的发展,电子公告板(BBS)、博客(blog)、播客(podcasting)、维客(wiki)、流媒体(BT)、社会网络(SNS)、网摘(RSS)、博采(blogmark)、标签(Tag)等新兴技术在大学生群体中的广泛应用和蓬勃发展,"网络环境逐渐形成了以个人为中心的传播格局,网络社会群也表现出以个人中心点所辐射出的私友的人际网络之发展趋势”。这些新技术发展为在大学生中更大范围、更深层次开展价值观教育提供了可能。大学生核心价值观教育应积极介入新兴网络媒体的应用和推广,有效整合网络资源,主动建立和大力支持各类主流网站和论坛建设,建设一批集思想性、知识性、趣味性、服务性于一体的价值观主题教育网站或网页,以积极回应大学生日常关注和遭遇到的各种现实问题,跟踪关注大学生思想文化和价值观动态。二是要加强网络教育的互动机制建设,扩大大学生核心价值观在网络世界的话语权和号召力。民主平等、对话互动是“扁平化”网络世界中人际交往的基本特征,同时也是主体价值接受和认同的条件和方式。因此,要建立健全网络价值教育对话的机制和空间,坚持集中与分散相结合原则,在特殊时期集中举办具有现实针对性的网络价值观教育活动,集中回答解决参与者的诸多问题;同时,还要做好日常分散性核心价值观教育问题的回答及解决,特别应注意采取渗透性方法,将核心价值观教育渗透到日常分散性的网络对话互动之中。

四、教育塑造和自我生成相结合

长期以来,我们的教育目的一直是想“塑造人”,按照社会的需要和标准改造受教育主体,将社会价值体系看作是权威的规则,形成了价值的强制性,将教育内容强硬施加给学生。这种教育理念固然有利于社会价值体系的传递和灌输,但是“人自身作为一个整体既不能被计划分割也不能被重新制造”,由于忽视了人的主体地位,消解了主体进行价值选择权利和价值反思的机会,其结果是不仅禁锢了人们的思想和观念,也使得既定的价值规范成了社会强加于学生的、不得不接受的他律要求而非自我发展和完善的内在需要,使教育效果大打折扣,而且培养出的学生缺乏独立人格和反思能力。顾明远教授曾指出:“21 世纪是知识经济的世纪,创新的世纪,个性得到尊重和发展的世纪。”核心价值观教育就是要求用生成的或历史的眼光看待价值主体,把主体看作一个不断创造和超越的过程,把主体的价值观念看作是一个不断丰富和发展的过程。

在传统的“塑造”的理念下,最典型的教育方法就是灌输。灌输作为一种传统的教育方法一直以来是我们进行学生思想政治教育的主要方法。美国实验主义教育理论家杜威曾经指出,这种教育“实质上是来自上面和外部的灌输。它把成人的标准、教材和方法强加给只是正在逐渐成长而趋于成熟的儿童”,也就是说,它是把现成的道德习惯和道德准则“灌进等待装载的心理和道德洞穴中去的一种方法”。从某种意义上说,灌输是一种很有益的教育方法,先进的理论本就需要通过教育灌输,让广大人民群众熟知和接受。但是,灌输教育存在一定的弊端。有学者曾经指出,由于当前以新的科技革命为支撑的时代为满足人的各种物质、精神需要提供了条件,个体的觉醒成为时代的主旋律,德育应更多地去促进个体自我的完满和完善,使个体精神上获得自我发展,使主体意识积极发挥出来,使个体获得自我价值的实现;把人当目的而不是工具来培养,这样才能真正实现个体的人的发展并使之成为社会发展的前提条件。显然,灌输教育在更多地将受教育者看作是被动的,甚至看成是一张白纸,看作等待塑造的客体,这种方式是不可能达到培养主体道德人格和核心价值观的目的和效果的,用柯尔伯格的话来说就是:“灌输既不是一种教授道德的方法,也不是一种教学道德的方法。说它不是一种教授道德的方法,是因为真正的道德包括对那些可能处于冲突中的价值做出审慎的决定;说它不是道德的教学方法,是因为合乎道德的教学意味着尊重儿童正发展着的推理能力和对他们所学内容的评价能力。”如果只是将灌输所谓的社会价值规范和价值准则作为主要教育方式,忽视价值主体的心理特征和需求特点,就难以真正使社会的价值体系转化为学生主体的内在品质。

因此,树立大学生群体的核心价值观,就要充分考虑学生主体的需求特征和心理基础,“塑造”和“生成”相结合,就是既要关注给定的、规定的人,也要关注超越的人、生成的人,既要强调外在的、既定的教育内容,更要注重激活大学生的内在需要,使核心价值观教育过程更多地体现为学生主体自由自觉的精神活动。将教育过程更多地建立在交往对话的基础上,处理好价值引导和学生自主建构之间的关系,从凸显教育者威权到关注个体价值与尊严的转向,并且通过主体间积极对话中的自我发现、自主建构,提升个体作为价值和尊严的存在。

第三节 当代大学生核心价值观培育的方法策略

核心价值观教育是一个漫长的精神培育的过程,必须要融入生活实际,只有在社会生活中,现实的价值关系才会鲜活起来。长期以来,我们价值观教育之所以收效甚微,其中一个重要原因就是我们过分强调了教育的知性和理性,遮蔽了价值主体的生活世界和生命体验,使价值知识和规则难以转化为个体的人格品质和德性。因此,教育要从生活出发,以学生真正体悟到价值的真切性为切入点,确实引导学生思索体验生活中的核心命题并在此基础上生成真实、有效和整体的核心价值观。

一、理论教育的“生活化”转向

对于大学生进行核心价值观教育,最主要的渠道依然是思想政治教育理论课。

对于大学生已经形成的现有价值观,很难通过自我教育的形式进行重新调整和转变,只有通过开设思想政治教育理论课,系统、全面地、深层次地进行有针对性的思想政治引导教育,才能帮助大学生树立正确的核心价值观。

思想政治理论课承担了对于大学生进行基本理论教育的职能,这也决定了其以知识和理论的传递和灌输为主要存在形态,也正是这种绝对化的、接近权威发布式的教育方式,使得不少学生或多或少产生了抵触情绪,也使得一些思想政治理论课程成为脱离生活、抛弃生活的自说自话。要想转变这种教育的误区,价值观教育不同于知识教育,不是单纯地以先行预设的伦理规范来进行灌输、规训和控制,而是依循大学生思想变化规律和接受特征采用启发式、研讨式、案例式、专题式,大学生主动、师生互动的教学方法。首先,在教育理念上,要关注学生的主体地位。我们的思想政治理论课教育一直关注知识传授的过程,而忽视学生德性生成的过程,忽视学生的心理特点和接受规律,使传授的知识悬空,很难被学生真正认同并内化。因此要在教育过程中充分了解大学生现今核心价值观的认识水平、思想困惑及关注热点,增强与学生间的沟通与交流。其次,在教育内容上,要取材于学生的现实生活。要以学生的现实生活经验为其基本依托,注重选取生活中的典型事件和新出现的重大问题,比如网络道德、伦理底线、生态环境、社会腐败等近年来较受关注的重大问题,对其进行深入剖析和理论辨析,引导学生有效运用所学理论解决现实生活中的核心命题,并通过不断丰富、积累、扩大生活经验和反思经验,促使科学的价值利于与个体生命体中的经验相融合,真正对学生核心价值观生成发生作用。再次,在教育方式上,强调师生间的对话和交流。生活视域中核心价值观教育,其教育者和受教育者不是单一的主动和被动的关系,而是平等的对话和交流,在生活实践中相互影响、相互感化、相互改造,共同接受教育。价值教育的对话理论倡导者克里夫·贝克认为,"对话的关键是:尊重彼此的观点;尊重彼此的传统习俗或'经历';言论、信仰和行动的自由;共同决定对话的形式和内容;关心具体的生活经验;通过具体行动(实践)验证"。

总之,价值观教育不同于知识教育,不是单纯的以先行预设的伦理规范来进行灌输、规训和控制,而是依循大学生思想变化规律和接受特征采用启发式、研讨式、案例式、专题式,大学生主动、师生互动的教学方法。

二、校园文化的"教育场"功能

校园文化是以学校师生的共同价值取向为核心的精神状态和文化氛围,包含校园物质文化、精神文化和制度文化。作为一种文化形态,校园文化既是育人的重要载体,更是大学生核心价值观形成的孵化器。胡锦涛同志在党的十七大报告中提出了推动社会主义文化大发展大繁荣的要求,指出:“切实把社会主义核心价值体系融入国民教育和精神文明建设全过程,转化为人民的自觉追求。”在党的十八大报告中,进一步强调:“全面建成小康社会,实现中华民族伟大复兴,必须推动社会主义文化大发展大繁荣,兴起社会主义文化建设新高潮,提高国家文化软实力,发挥文化引领风尚、教育人民、服务社会、推动发展的作用。”大学的校园文化对大学生的健康成长具有重要的环境育人作用,以社会主义核心价值体系为统领的校园文化建设,通过多种形式的校园文化载体活动和积极向上的校园文化氛围,能够使社会主义核心价值转化为大学生的自觉追求,形成健康、正确的核心价值观,这也是加强和改进高校思想政治工作的客观要求。因此,高品位、高质量的校园文化在其中意义重大。

近年来,随着多元文化思潮的影响,高校校园文化也逐渐成为各色文化角逐的重要战场,在这样的环境背景下,更需要我们积极构建先进的校园文化精神,把社会主义核心价值观纳入校园文化精神,使校园文化向更好层次跨越。在引领校园文化建设的过程中,学校可以从以下几方面着手。首先,汇聚凝练大学精神,为学校师生营造良好的精神家园。通过校训、校标、校歌等学校标志性文化建设,形成学校自身独有的气质和精神形式,使广大学生时时处处接受这种精神的熏陶和教育,在潜移默化中形成核心价值观。第二,以高雅艺术为载体,营造良好的文化氛围。广泛开展各类学术、文娱活动,学生参与其中,能够充分陶冶情操。通过举办学术讲座、文化讲座等形式,将高雅艺术迎进校园,同时发挥科学技术活动的教育作用,提升校园文化品位,在耳濡目染的过程中,提高大学生的文化素养和道德素质,促进大学生核心价值观的形成。第三,要高度重视校园的物质文化和基础设施建设。通过学校的一草一木、寝室的文化布置等,建设适于学生发展的生态环境,建设高品位、环境优美、现代化的校园文化环境。同时,高校的报刊、广播和电视也是校园文化的重要载体,要加大这些“硬件”和“软件”的建设,使之成为传播先进文化的平台。第四,加强网络文化建设。网络的开放性、交互性、及时性等特点使它成为大学生学习、生活、人际交往的重要工具,但是,也正是由于这特点使得网络上的信息纷繁复杂,加上部分学生的鉴别力不强,极容易受到不良信息的影响,产生网络不文明、不道德的行为。因此,高校要积极建设优秀校园网站和红色网站,帮助净化网络环境,引导学生提高网络鉴别能力,使网络成开展核心价值观教育的一个重要载体。第四,学校还要建立人性化的管理制,在制度建设中要体现以人为本,真正尊重人、理解人和关心人,还要加强师德建设,努力加强师德修养、为人师表，以教师的示范作用和人格魅力引导学生树立正确的核心价值观。

要充分发挥校园文化的潜移默化的濡化功能，发挥校园文化的隐性教育功能。校园文化的内容可以丰富多彩，但要紧紧围绕社会主义核心价值体系，因为它关系到如何培养人、为谁培养人和培养什么样的人，我们要培育的是合格的社会主义建设者和接班人，因此社会主义核心价值体系在其中的核心主导地位不容撼动。通过校园文化内涵品味的提升，能够对大学生起到良好的熏陶引导作用，使其在成长过程中，形成正确的核心价值观，充分发挥文化育人功效。

三、实践活动的“常态化”建设

“生活不能只是思，生活是需要过的。”一个价值观的形成一般是在“知中行，行中觉，觉中悟，悟中从”这样一个反复循环的过程中形成的。主体的价值实践和体验是其核心价值观形成的现实依据。通过实践体验，主体的认知和情感能够彻底地融入价值关系内部进行体察和感受，使理论知识生活化、生命化，真正变成受教育者自己的知识，进而内化形成自身的核心价值。我们以前的教育之所以难以解决人们生活中的现实问题和现实冲突，其原因就在于缺少了实践这个必不可少的环节，使得学生的价值观念没有经过实践确证，缺少真实性与可行性。

要充分发挥社会实践、志愿服务在大学生核心价值观培育过程中的重要作用，为大学生提供各种实践的条件与机会，引导大学生群体从学校走向社会、去关怀他人、关怀自然、关怀社会，体验到自己对社会所做的贡献，进而理解人生的真正价值与意义，了解自身所处的世界及其位置，了解自己的义务和责任，拓展自己的精神生活空间，不断确证、夯实自身的核心价值观。社会实践是大学生思想政治教育的重要环节，对于促进大学生了解社会、增长才干、培养品质、锻炼毅力、增强社会责任感具有不可替代的作用。为此，学校应把社会实践纳入学校教育教学的总体规划和教学大纲，规定相应学时学分，提供必要经费支持，积极探索和建立社会实践与思想政治教育之间的关联，找出社会实践与思想政治教育的契合点，并通过不断丰富社会实践的内容和形式，提高社会实践的质量，增强社会实践的活动效果，培养大学生的劳动观念和道德意识，进而帮助大学生树立正确的核心价值观。志愿服务不仅能使大学生深入社会、了解社会，而且能够使大学生服务和奉献社会，增强自身的服务意识。

要使大学生的实践活动尽量地常态化，改变以往短期性的过于形式化的教育行为。此外，为了进一步拓展大学生实践的空间，教育者还可以有目的、有意识、有计划地创设贴近学生生活实际的教育情境，并在情境中加以训练和体验，以促进受教育者道德品质内化和道德习惯形成的道德教育方式。要有计划地建设一批质量较高、稳定性较强的道德教育实践基地，将实践活动纳入教学计划，建立长效机制，采用科学的考评方式，充分考虑到社会实践活动的复杂性和层次性。在考评中，要注意成果与过程考评的结合，还要积极探索将考评结果纳入学分管理的新机制，着手将社会实践的道德信仰教育考评纳入德育课程的学分管理。

四、自我教育的“自觉性”培养

“教育虽然存在一种外部施加影响的过程，但是其主题却应是促进、改善受教育者主体自我建构、自我改建的实践活动的过程。”教育家叶圣陶曾说过：“教育的目的是为了达到不教育。”教育者的教育活动只是一种外因，不能代替大学生的认识、内化活动和实践、外化活动。归根到底，大学生核心价值观的形成是一个在外在环境影响下，自觉自愿自我建构和生成的过程，依赖于价值主体的不断自我改造、建构和丰富发展。忽视价值主体，单纯强调外部教育，是很难取得实效的。核心价值观教育要充分调动受教育者自身的积极性和主动性，引导受教育者进行自我教育和引导。中央 16 号文件明确指出：“坚持教育与自我教育相结合，既充分发挥学校的教育引导作用，又充分调动大学生的积极性、主动性……要积极调动大学生自我教育、自我管理、自我服务的积极性、主动性。”可以看出，强化大学生的主体地位、培养大学生主体意识具有重要意义。

自我教育途径是大学生群体根据自身的价值需求，有目的、有计划地通过自我的认识和反省提高和完善自身核心价值观的方式。任何人的价值观都不是先天固有的，也不是头脑中主观自生的，而是后天在一定的社会环境、社会活动中逐步形成的。在形成过程中，靠外力强加与灌输的作用微乎其微，个人的感知与觉悟起到很大作用，也就是我们强调的核心价值观的自我教育。在自我教育的过程中，主体意识的觉醒是关键。所谓主体意识，是指作为认识和实践活动主体的人对于自身的主体地位、主体能力和主体价值的一种自觉意识，是主体自主性、能动性和创造性的观念表现。大学生的主体意识是大学生群体在学习生活中所表现出来的一种自发自为与自身需要的意识。强化大学生的主体意识，能够将学生的思想激活起来，使其主动将知识中的思想观念、道德规范转化为自身的思想和行为，实现真正的自我提高进而实现核心价值观的自我教育。一方面，从时段上来讲，要充分关注新生入学这一特定的教育契机，在学生刚入大学时，便可以通过新生教育等途径，加快其角色意识的转变，使其尽快从被动的高中学习生活过渡到自主支配的大学生活。同时引导学生对自身进行正确定位，明确未来发展方向，形成主人翁意识。

只有秉着对自己负责对未来负责的理念,才能真正促进大学生主体意识的觉醒。大学生的主体意识强烈,能够有效激发其自身的主动性与自觉性,在学习实践中能够主动探索,积极地认识与改变客体,而不是被动消极地适应与接受。尤其在大学生核心价值观形成过程中,主体意识明确,能够很好地促使其对自己进行准确定位、认真思考,形成自己的道德标准与价值尺度。另一方面,从方式上来讲,要充分重视学生社团等学生群体组织的自我教育功能,引导这些学生组织自发组织有意义的教育活动,实现团队内、朋辈间的自我教育、互助合作,使学生更多地借鉴和吸收同辈群体的成长经验。总之,通过主体意识的提升,使他们意识到核心价值观作为主体的精神家园和重要精神生产活动的特殊意义,进而引导学生不断主动、自觉地去认识世界、认识社会,在学习交流互动过程中不断提升自己,完善自身的价值体系。

综上,核心价值观教育应该是来源于生活的,但是这也并不意味着要过分偏向日常生活领域,而忽视非日常生活领域。在价值主体的理论水平和理性程度并没有充分展开的前提下,如果我们的价值教育过多地倾向于生命体验,夸大生命体验在个体价值精神建构中的作用,就很难实现个体价值精神对个体实存生命的超越,而使得个体生命境界更多地停留在个体当下生命体验的事实之中。因此,我们要坚持价值观教育的生活取向,同时也要把这种教育引向深入,引导学生积极反思生活世界的价值内涵和意义所在,使个体核心价值观通过教育得以不断升华。

第四节　当代大学生核心价值观培育的体制保障

教育政策和教师队伍是大学生核心价值观培育的两个重要的要素保障,分别从体制机制和教育主体两方面确保了教育的顺利实施。

一、当代大学生核心价值观培育的政策保障

政策作为教育理论与教育实践的中介要素,对于指导实际工作的组织、协调和开展起着重要的导向、规范、控制和协调功能。我们之所以将“政策环境”作为一个单独的问题来进行论述,是因为在党和国家建设社会主义核心价值体系的大背景下,大学生核心价值观的培育不仅仅是个理论命题、实践命题,同时也是政治性、政策性很强的命题,党和国家的要求要转化为学生的人格品质,需要相应的教育政策作为各种教育资源、利益关系的协调器,进而保障教育工作的有效实施。

教育政策是党和国家为实现教育目标和任务而制定的行为准则和规范,集中

体现党和政府对于教育工作的意志和行动。“政策是一种解决问题的过程。”良好的政策环境是我们有效实施各项教育的重要外部保障，是大学生核心价值观培育的关键因素之一。它是理论具体化进而转化为现实的中介和桥梁，它不像理论那样抽象、概括，是具体而全面的，具有更强的操作性和指导意义。

近年来，随着社会主义核心价值体系建设的不断深入，国家多次在相关政策文件中做出关于开展社会主义核心价值体系教育的相关阐释。党的十七届六中全会强调必须把社会主义核心价值体系融入国民教育、精神文明建设和党的建设全过程，贯穿改革开放和社会主义现代化建设各领域。

当前，关于社会主义核心价值体系教育和大学生核心价值观培育的政策还停留在国家宏观层面，还需要具体配套的中观和微观层面的政策机制，巩固现有的政策环境和制度体系，并对政策执行的过程不断优化。

首先，配套机制的建立。“任何一种德育，都要根据一定的德育思想建立起一套实践体系，其核心就是德育制度。没有制度体系保障的德育思想，是不会成为实际的教育行动的，因而没有制度化的现代德育思想，也就不会有现代化的德育实践。”从某种意义上说，政策本身就是一种正式的制度，是在政府的强力保障下实施的制度。虽然提供了一个大的制度框架，但是，在执行过程中，需要在宏观机制的基础上制定相应的中观和微观政策，需要具体的配套机制来确保每一个实施环节的有效落实。“真实的政策执行过程构成政策执行的子系统，可能是一个互动的、循环的、创新的、调适的复杂过程。执行组织往往在自己所处的层面，对要执行的政策进行二次决策，形成下位政策。”从某种意义上说，配套机制的建立过程是政策因时、因地、因人制宜的转换过程。社会主义核心价值体系教育的相关要求提出后，应该更好地制定配套的实施意见，并在此基础上形成相对具体的制度体系。一是领导管理制度。学校要积极构建在党委领导下的以校长及学工系统为主实施的教育管理系统，形成党政统一部署和规划，各职能部门积极执行，形成各司其职、群策群力、齐抓共管的工作局面。二是组织运行制度。即把社会主义核心价值体系教育贯穿在思想政治教育的全过程，贯穿于学生成长成才全过程，落实在教学、管理、后勤服务的各个环节，所有师生员工都是思想政治教育的直接参与者。三是监控评估制度。组建相关职能部门专门负责对教育过程、教育的施教者和受教育者进行监督评估考核，从而提高高校社会主义核心价值体系教育的质量，加强教育的实效性。在这三个基本制度的基础上，各高校还可以根据自身特点和现实需求，建立具体的制度，比如旨在加强辅导员队伍建设的培训培养机制，旨在促进工作创新的创新激励机制，等等。同时，在这些宏观制度的基础上可以分解出若干子制度，比如高校辅导员管理考核的若干机制、班级管理和学生干部培养的若干机制，等等。要注意机制间的彼此联系和配合，形成制度的合力。

其次，执行过程的优化。教育政策的顺利实施还取决于所选用的政策执行方式和执行过程。“所谓政策执行就是政策方案被采纳后，政策执行者通过一定的组织形式，运用各种政策资源，以实施、服务和宣传等行动方式将政策观念形态的内容转化为现实效果，从而使既定的政策目标得以实现的过程。”威尔逊曾经说过，执行宪法比制定一部宪法更重要、更困难。这一过程是教育者把教育政策的相关内容灌输给受教育者，受教育者有选择地接受这些教育影响并形成政策认同的内化阶段，以及将政策规定的相关要求转化为良好行为和行为习惯的外化的过程。因此，优化政策执行过程要从以下三个基本要素入手。第一，政策内容的转化。政策的内容更多地表现为一种理论体系，在具体的教育实践中，我们需要将政策规定的教育内容进行重新组织、编排，转化成一般人所能接受和了解的内容体系。核心价值观教育内容的转换主要体现在两个方面，一是内容的具体化，这有利于深化我们对于抽象的教育理论的理解和把握，进而系统地、逐一地设计思想政治教育内容。二是内容的时代性。要根据国内外政治经济形势的变化和大学生思想行为特点的变化，及时进行充实和调整，使教育内容具有先进性和前瞻性。第二，保障体系的健全。要详细研讨政策落实的具体过程和环节，分步骤分层次落实具体的教育内容和教育环节，要确保政策执行过程中人力、物力和财力等资源配备。对于核心价值观的培育，要确保在实施的过程中，坚持专项教育专项实施，使核心价值观教育不至于淹没在诸多的教育内容中。第三，要尊重大学生的接受规律。大学生已有的观念限制了其对教育政策及教育内容的接受程度，因此，在教育过程中不能用统一的目标要求不同年龄阶段、不同心理发展水平和不同道德水平的学生个体，要分层次、分阶段，有针对性地开展教育。

最后，评估机制的建立。政策评估是考量政策执行状况的重要指标，“是依据一定的标准和程序，对政策的效益、效率及价值进行判断的一种政治行为，目的在于取得有关这些方面的信息，作为决定政策变化、政策改进和制定新政策的依据。”通过评估机制的建立，可以帮助我们进一步提升政策执行的水平和质量。健全评估机制可以从以下几个方面入手：第一，完善评估体系。从目前的教育现状来看，人们更多还是将核心价值观教育作为思想政治教育领域的一项具体内容，对没有对其教育内容和方式进行相对独立的思考和设计，更没有独立的考评机制和考评办法，使核心价值观教育淹没于各项教育之中。因此，要建立科学合理的评估体系，形成细化的、可操作的评价指标，指标体系既要包含教育投入、教育方式方法选择、教育者质素等多个方面，通过考评来带动核心价值观教育的具体实施。第二，成立教育督导组。教育主管部门要对政策落实的情况进行专项督查，督导各高校开展社会主义核心价值体系教育和学生价值观培育的实效情况，确保学校范围内教育资源的合理配置，了解和把握教育者的思想状况和教育水平，并通过督导进一步发现问题研讨解决办法，保障后续政策制度的调整和完善。第二，宣传表彰在教育过程中表现突出的单位。要通过表彰宣传一批在核心价值观培育过程中表现突出的学校和单位，树立工作典型，宣传有效做法。总之，要通过评估机制的建立为具体的教育实施环节树立标尺，进而保障教育的实际效果。

二、当代大学生核心价值观培育的队伍建设

高校思想政治教育者是大学生核心价值观培育的队伍主体，只有这支队伍健康发展，才能保障教育的有效落位。在这三支队伍中，以辅导员队伍最为年轻，建设周期最短，力量也最为薄弱，我们认为，当前最为迫切的是加强这支队伍的建设。

思想政治教育在大学生核心价值观培养过程中具有重要的作用和地位，是教育者、引导者和实践践行者，特别是辅导员队伍，他们是与学生日常生活最为贴近的教师队伍，是大学生的老师也是知心朋友，这支队伍的素质状况直接关系着大学生群体的成长成才。

总之，思想政治教育工作者特别是日常思想政治教育工作者，他们是核心价值观教育最为直接的组织者和实施者，在大学生核心价值观的培育过程中具有重要的教育和示范功能，这支队伍的建设直接关系着大学生群体的思想和素质能力水平，关系着核心价值观教育的实际效果。因此，我们应该以这些矛盾为抓手，完善建设模式，拓展建设路径，保障和促进这支队伍的科学健康发展。

从发展取向上来看，职业化、专业化依然是未来思想政治教育队伍建设发展的基本方向和定位。特别是对于辅导员队伍建设，过去几年辅导员队伍建设主要实行的是一种外延发展，以扩大队伍规模、增加建设投入为主要特征，这是队伍建设的必经阶段，也是队伍建设的起点；但当规模扩张到一定程度的时候，以提升质量、优化结构、激活变量为特征的内涵建设就显得尤为重要。因此，我们认为，当前队伍建设的主要发展趋势应该是以职业化、专业化建设为目标，以内涵式发展为主线、以外延发展为补充的队伍发展模式。要实现这一发展，就要求我们在具体操作过程中重点做好以下三方面的工作。

第一，以学科化范式为框架，加强队伍发展的理论支撑。专业化归根到底是根据生产分工或学科分工将知识和技能划分成不同的分类，继而形成相应的学科知

识和理论体系,以确保专业岗位的稳定性、专业形象的鲜明性和专业地位的不可替代性。近年来,人们之所以对思想政治教育工作专业化有不同看法和非议,很大程度上是因为专业化虽然以思想政治教育学科为依托,但却缺乏自身科学系统的知识理论体系,进而也就无法有效破解专业化建设需求与工作复杂性、综合性之间的矛盾。这就要求我们必须按照学科化建设的一般逻辑和框架来建设辅导员专业,为队伍建设特别是一线辅导员队伍建设奠定坚实的理论基础。一门学科之所以能够形成,学科范式是关键,它包括学科理论、基本概念、学术共同体等诸多要素。辅导员学科范式是指辅导员研究所秉承的基本信念、基本理论、基本观点和基本方法,辅导员学科范式的形成将有助于我们界定辅导员队伍工作的基本范畴和根本方法,有助于我们把握辅导员队伍的发展路径及未来走向,推进辅导员队伍建设稳定、持续、科学发展。简言之,辅导员学科范式的确立应坚持以下几个基本点:一是要确立社会价值和个人价值、工具理性与目的理性相统一的研究旨归,将辅导员队伍建设切实放置在社会政治发展的外在要求和辅导员主体性成长的内在需要之中,以国家和社会需求为导向,以辅导员群体职业化、专业化发展为路径,既依托政府支撑和政策推动,又充分调动和发挥辅导员主体的积极性和创造性。二是要以辅导员队伍建设的理论及实践问题(辅导员接受教育培训、实现自我成长的心理机制、环境条件、角色扮演、社会预期等)为研究对象,以辅导员主体性的静态构成(本体性机构、价值性结构和实践性结构)和动态发展(职业活动和专业发展)为研究内容。三是要构建辅导员理论研究的方法体系和话语方式,坚持中国立场、强调问题意识,确立本体性原则、价值性原则和实践性原则,采取历史研究、比较研究、“叙事研究”等方法,综合运用学术话语、生活话语和政治话语等表述方式。

第二,以集约化体制为保障,整合辅导员队伍建设的资源体系。集约化体制是现代经济增长的重要方式和前提条件,相对于粗放式体制,它更注重内涵式的发展,更强调通过整合生产资源来实现经济的质量提升和效益增长。对于目前队伍建设整体而言,构建集约化建设体制就是要完善队伍建设的资源供给体系,建立科学的资源整合机制,以有效整合队伍建设的资源体系,形成队伍建设合力。为此,我们要从两个方面入手。一是要建立宏观资源整合机制,积极整合各种社会资源,实现体制内联合和体制外联合的有机统一。体制内联合,就是要国家教育主管部门进一步与中央编制、组织、人事等部门协调、沟通、出台相关政策,有力跟进队伍建设,优化队伍建设的政策环境,切实形成齐抓共管、多方支持的队伍建设合力。体制外联合,就是要教育主管部门进一步拓宽辅导员队伍建设渠道,充分调动一切社会力量,形成政府、学校和社会三方联动的建设格局。二是要建立微观资源整合机制,积极推进校本资源与校际资源的有机整合。校本资源整合就是要充分发挥各高校校内优势、挖掘校内资源,特别是各高校在思想政治教育学科建设、课程设置、师资队伍、科学研究上的优势和特点,在新时期大学生思想政治教育工作各个领域的先进经验和做法,将之通过课程开发、师资建设、活动设计等方式转化为队伍建设资源的有机组成部分,以增强队伍建设的针对性和实效性。校际资源整合就是要充分挖掘不同高校之间思想政治教育队伍建设优势契合点,搭建队伍建设人才、信息、成果聚集平台,实现优质师资资源和课程资源的校际共享,建设工作培训、理论研修和信息咨询平台,实现队伍建设状况的校际观测,以最终推进不同高校之间思想政治教育队伍建设资源优势的有效互补。

第三,以动态化管理为方式,理顺队伍建设的发展机制。现代系统论认为只有不断促进系统内部各要素间的有机联动,实现系统与外界环境之间物质、能量和信息的交换,才能有效实现系统的动态平衡。同样,高校思想政治教育工作队伍特别是辅导员队伍建设作为一种特殊的社会实践活动系统,也面临着如何通过动态化管理实现队伍建设的持续健康协调发展。动态化管理就是要通过理顺体制机制,实现队伍成员的内部流动和外部转换。内部流动旨在通过搭建辅导员职业化发展和专业化培养的体制和通道,即将精英化培育与大众化培训相结合,在打造辅导员全员化培训培养体系的同时,重点做好辅导员骨干学位提升工作,探索高层次应用型人才的培养模式,推动辅导员队伍由“扁平式”向“金字塔式”的转变。外部转换旨在通过进一步明确细化辅导员岗位标准,并依据此完善辅导员岗位的去留机制,确保辅导员队伍在动态中保持稳定和活力。具体来说,就是要进一步精确描述辅导员岗位的性质、意义和工作环境,严格执行辅导员岗位评聘的规格和标准(包括辅导员的思想品德、学历状况和工作能力等),合理界定辅导员岗位的职责、权限,逐步摆脱辅导员岗位全能式、事务式的困境,着力将辅导员队伍打造成为思想政治教育的专门人才和党政后备干部培养选拔的“预备役部队”。

第六章　高校校园文化建设的方向

高校校园文化内在地包含着物质文化、制度文化和精神文化，校园文化建设也应该向这三个方向进行。物质文化指的是大学的自然和人文设施景观；制度文化指的是各高校为了规范学生的行为，指导学生的学习生活制定的制度总体；精神文化指的是大学的整体精神，包括校训、校歌、学风等。

第一节　高校校园文化建设的原则

高校校园文化建设关系到高校校园内部各方面的工作，并受到校内外诸多因素的影响。为了加强高校校园文化建设，使高校校园文化建设工作得以顺利进行，需要遵循一定的原则。这些原则主要可以分为以下两类。

一、高校校园文化建设的基础性原则

（一）文化的普及与提高相统一

开展高校校园文化建设活动，关系到所有大学生和其他有关人员的发展需要，能够满足人们高层次的需要。例如，高校可以开展校园大众文化建设活动，利用群众性文体活动、科普知识讲座形式，实现文化的普及。

另外，高校开展的校园文化活动，如美声、钢琴等艺术鉴赏活动，科技研究活动和文学创作活动等，能够进一步提升学生的内涵和素养，属于较高层次的高校校园文化。因此，高校校园文化建设要将普及与提高结合起来，从学生的实际出发，在"普及基础上的提高"，在"提高指导下的普及"，培养更多出众的人才。

（二）"硬件"与"软件"的统一

高校校园文化建设的"硬件"主要是指文化设施、队伍、组织、文化环境等方面有形的事物；而高校校园文化建设的"软件"主要包括校园精神、文化心理、制度等无形的东西。"硬件"建设为"软件"建设提供基础和条件，"软件"建设使"硬件"建设得到更好的发展。两者之间相互促进，共同发展。

为此，高校校园文化建设要兼顾"硬件"和"软件"的建设，做到"两手都要抓，

两手都要硬”。在开展高校校园文化活动的过程中,因校制宜,挖掘本校的潜力,增强基础设施建设,改善活动条件,实现高校校园文化的不断发展和创新。

一些高校的校园文化难有作为,其中一个重要原因为“软件”建设的落后。高校校园文化活动的开展,并不以基础设施条件的完善或成熟为前提,要避免只重视“硬件”建设的发展方向,避免重“硬件”建设而轻“软件”建设。

(三)引导需求和满足需求相统一

满足师生日益增长的文化需求并不是开展高校校园文化活动的全部内容,在满足其需求的同时,还要重视对这些人进行文化消费的引导。不管是大众型的娱乐活动还是高端型的娱乐活动,都需要营造一个健康的情趣培养氛围和高雅的格调。因此,高校校园文化建设的主旋律应该从师生员工意愿出发,引导高校校园文化走向健康、高层次的方向。

结合以往高校校园文化建设的经验教训,立足于当前高校校园文化的状况,积极引导师生员工的需求走向高层次,具有很大的必要性,应该得到不断加强。换言之,要引导师生的文化需求达到自我教育、塑造和愉悦的目的,用高雅代替浮躁、粗俗的宣泄目的。若将高校校园文化的主旋律定为满足师生的需求,必然会使文化的发展只能迎合需求,无法实现文化的教育功能。

(四)繁荣文化活动与克服反文化现象相统一

加强高校校园文化建设,不仅要促进高校校园文化的繁荣,还要能激发师生员工的创作热情,创造出数量多、质量好、具有校园特色的文艺作品,丰富高校校园文化的内容,创造出丰富有益的精神文化成果。要寓教于文、寓教于乐,宣传以爱国主义为核心的民族精神,使学生形成爱国、爱党、爱社会主义的自觉性,具备良好的民族自信心和自尊心。

要克服反文化现象,抵制那些有害的、堕落的文化对高校校园文化的侵蚀。不断消除腐朽、糜烂的西方资本主义意识形态在我国高校校园文化领域的渗透和影响。对于那些以破坏美的事物为乐趣的行为,如“墙壁文学”“厕所文学”等,践行坚决的抵制和反对。要实现这一目的,有必要通过社会主义和各种健康有益的思想文化的充实,来消除各种腐朽、没落思想文化对师生员工的侵蚀。

(五)学生为主体与教师为主导相统一

学生是教育的对象,是高校校园文化建设的主体。在高校校园文化建设中,要以全面提高学生素质,培养“四有”人才作为活动的出发点和归宿。因此,在开展高校校园文化建设活动时,要使学生的主体地位得到充分体现,发挥他们的潜能和创造力，鼓励和引导他们参与高校校园文化建设和管理。这不仅有利于高校校园文化活动的发展，也有利于学生的健康成长。

这里要强调的是，高校校园文化固然要发挥学生的主体作用，但不意味着“校园学生文化”。在高校校园文化中，还应该注重教师的主导地位，他们也需要从校园文化中获得提高，实现自身素质和才干的增长。

教师发挥在高校校园文化活动中的主导作用，形成正确、高尚的教师文化，树立良好的教师形象，有利于推动学生文化的形成和发展。教师的主导作用甚至比直接教育指导更容易使学生接受，更容易产生价值认同。因此，发挥教师的主导作用能够保证高校校园文化的正确方向，维护学生的主体地位，提高高校校园文化的水平。

二、高校校园文化建设的实践原则

高校校园文化建设会因时空、高校定位等的变化呈现一定的差异性，使高校校园文化系统工程建设显得纷繁复杂。在建设高校校园文化实践过程中，要以科学的原则为指导。这些原则主要包括以下内容。

（一）坚持先进文化的发展方向

1. 高校校园文化建设的要求

先进文化是指那些能够适应生产力发展要求、满足最广大人民根本需要、促进人类的发展，并能引领文化未来方向的文化；从构成要素来看，先进文化主要指的是那些能适应时代发展的优秀文化传统、外来优秀文化以及通过文化创新而产生的新文化。

2. 高校校园文化坚持先进文化发展方向的可能性

我国的精神文明建设需要以大学作为宣传和推广的重要阵地。大学文化建设必须符合社会总体文化建设的目标。

大学不仅是培养人才的地方，也是社会思想和文化传播和交流的中心。在某种程度上讲，其自身就是先进文化发展的方向。大学教育所传播和创造的科学文化知识，不仅能促进大学自身文化建设的发展，在一定条件下也能实现社会文化的革新和发展。

（二）实现共性文化与个性文化的结合

埃德加·莫兰明确地指出：“文化的统一性与多样性的双重现象是决定性的。”

1. 高校校园文化的“共性”

高校校园文化具有社会文化的“共性”。大学文化是社会的一种亚文化，要通过对社会文化的有效整合，综合体现出世界文化、时代文化、校际文化、民族文化等因素，为自身建设寻求稳固依托。

具体历史时期内的大学文化建设都可以视为时代文化的产物。高校校园文化建设要根植于民族文化的土壤中，反映世界文化的发展趋势，实现校际文化的互动。社会认可和接受的最基本条件可以表述为：“高校校园文化建设要遵循大学文化发展和建设的普遍规律，体现大学文化的共同特征，努力建设富有社会主义特点、时代特征和科学民主开放的大学文化。”

2. 高校校园文化的“个性”

高校校园文化建设具有自身的“个性”，具有一定的特殊性，与一般社会文化存在着差异。个性是高校校园文化建设的核心，是高校校园文化建设的聚焦点，体现了大学文化建设的本质特征。在高校校园文化建设中，要凸显卓尔不群、独具匠心等特色，在多元化的格局中独树一帜。每一所大学的发展历史、文化的传承都具有一定的差异性，大学文化的个性在很大程度上决定着大学的个性。没有文化的个性，就难以打造学校品牌和特色文化。

正是由于大学文化具有个性化的特征，才实现了不同文化之间的相互交融。因为个性必须融入国家乃至世界文化发展的趋势，才能彰显自身独特的魅力。在高校校园文化建设实践中，必须以自身实际为出发点，探索高校本身的发展历史。对高校的传统、精神、特色进行总结和提炼，彰显高校文化的个性，实现高校校园文化的纵深发展。

（三）努力实现继承传统与创新的结合

1. 实现传承与创新相结合的背景

世界文化的发展逐渐趋于多元化，我国改革开放后社会主义文化发展的趋势发生了一定的变化。由于世界处于一个开放的状态中，各种文化不断融合、渗透，并以前所未有的速度获得新的发展。因此，我国社会文化必须向综合化方向发展。

高校校园文化要传承和弘扬民族优秀文化传统，发掘自身文化建设的传统和精神。党的十六大报告就十分强调民族精神：“民族精神是一个民族赖以生存和发展的精神支撑……必须把弘扬和培育民族精神作为文化建设极为重要的任务，纳入国民教育全过程，纳入精神文明建设全过程，使全体人民始终保持昂扬向上的精神状态。”

2. 高校校园文化的传承与创新的意义

大学生在高校校园文化建设中发挥着主体地位作用，是全面建设小康社会的主力军，对中华民族的振兴有重要影响。因此，大学生思想道德素质的高低，对社会主义事业的成败有着重要影响。大学高校校园文化建设必须大力宣扬大学精神和传统，巩固社会主义核心价值体系在校园文化体系中的主导地位，使这些中华民族的优秀文化为学生的成长成才发挥巨大作用。

大学是社会的一个子系统，而且大学具有开放性等特征。党的十七大报告阐述了文化创新等重要内容，提出在时代的高起点上推进文化创新，解放和发展文化生产力，以此来繁荣文化的发展。大学文化的创新发展充分体现在它的与时俱进精神，从社会进步中不断汲取有益营养，不断赋予大学文化精神以新的内涵。“没有创新和进步就没有真正意义上的大学，创新是大学的灵魂和生命力之所在。传承已知、探求未知是大学的使命。”

3. 具体实施

因此，现代高校校园文化建设要把握好两个方面的内容：一是继承优秀传统文化；二是吸纳世界文化精髓，使各国文化在相互交流的过程中共同进步。大学的精神体现在，“它要特别对历史和未来负责……既要回头看，又要向前看”。以高校校园文化的继承与弘扬为出发点，立足于高校未来的发展，充分挖掘本校历史文化，吸收各国先进文化，推进高校的国际化进程。

显然，由于高校校园文化的探索性和超前性，会在新时期的“文化革命”中发挥先锋作用。在高校校园文化中，确立时代文化的主导地位。当然，在社会文化中，有很多传统的思维方法、观念意识和行为方式，由于其历史悠久、影响深远，已深刻扎根于社会生活中。这势必造成高校校园文化中传统文化与时代化的冲突。

在高校校园文化中，传统文化与时代文化在各方面的矛盾交织所造成的碰撞和冲突，又能实现高校校园文化的不断向前发展。因此，在高校校园文化建设中，必须处理好时代文化与传统文化之间的关系。这就要做到两者之间的平衡与协调，促使传统文化现代化，古为今用，实现现代文化和传统文化的互存共生。

（四）将科学精神与人文精神相结合

高校校园文化建设一方面要做到实事求是、严谨规范和独立思考，具备一定的科学精神；另一方面要关注生活、关注人的价值，体现一定的人文精神。因此，高校校园文化建设必须要将科学精神与人文精神结合起来。

1. 高校校园文化的科学精神

科学精神的基本内涵为，以创新为灵魂、以求真为目标。大学生的活动性质和范畴,决定了高校校园文化要以科学精神为核心。高校校园文化科学精神的推崇,需要包容多元化的个性。通过兼收并蓄,实现各种新思想观念、理论方法的相互交流与碰撞,并在此基础上产生新的文化,通过文化提供的新的视野推动科学的发展。

科学精神增强了高校校园文化的底蕴,为大学发展注入活力,并发挥出强有力的社会辐射力和群体凝聚力,为校园文化建设提供价值导向。由此可以了解到,科学精神为大学的生存与发展提供了原动力,注入了生机和活力。

2. 高校校园文化建设的人文精神

高校校园文化建设要体现和尊重人的价值,要关注人的发展,注重人的精神生活,不断追求真善美。这就要求在高校校园文化建设过程中,坚持"以人为本"的人文精神。

即使是自然科学领域的杰出人物,其人文功底也十分深厚。爱因斯坦式的"思想试验"本质上体现了哲学思维的人文精神。"学校的目标始终应当是,青年人在离开学校时,是作为一个和谐的人,而不是作为专家。"另外,有些学者指出:"科学的诸多价值在本质上都是人文的,尤其是科学的技术价值与经济价值,蕴含着深刻的人文意义……对于人的生存、发展、自由和解放是具有根本意义的价值。"高校校园文化建设,要将科学精神与人文精神结合起来,在弘扬科学精神的同时,也要充分体现其文化的人文精神。

(五)整体规划与分步实施的结合

1. 高校校园文化建设需要进行整体规划

高校校园文化建设这一"系统工程",需要宏观把握,统筹规划,处理好文化的物质层面、精神层面、制度层面和行为层面的关系,使其协调发展。实现高校校园文化的不断继承、发展、创新。高校校园文化建设属于"一把手工程",因此需要接受校党委的统一领导,超前谋划、全盘统筹规划,保证文化的延续性和统一性。

"应有领导主管文化建设;应成立专门机构或由有关部门具体负责牵头制定全面、系统、长远的文化建设和发展规划以及年度工作计划,负责研究、统筹、协调高校日常的文化建设工作;机构组成中应有专家学者",以实现高校校园文化建设的持久发展。

2. 高校校园文化建设需要分步、有序实施

高校校园文化建设需要落实到每一步的发展中,因此要结合学校实际,有重点、有步骤地实施。全体师生员工在校园文化建设中,要具有自觉的意识,积极主

动地参与，认真配合，有计划地循序渐进，使高校校园文化建设活动全面系统地展开。

高校校园文化建设不仅是一项“系统工程”，还是“闭环工程”。这可以通过大学系统内在机制中各种力量的整合与引导，来完成高校校园文化建设工程。除此之外，高校校园文化建设是一个庞大的工程，需要消耗大量的时间和精力，因此需要逐步深化和完善，不能过于急躁。

每一项高校校园文化工程的建设，都需要科学地统筹、计划，对其实施的可行性进行论证，并在实施过程中不断反馈问题，获得提高。要建立评价标准和反馈体系，结合广大师生和社会各界的力量，反馈、衡量高校校园文化建设的实际效果。另外，高校还要形成重视校园文化建设的传统，不断完善文化建设的内容、方式和方法，使高校校园文化建设不断步入新的阶段。

（六）以人为本与促进发展相结合

高校校园文化建设，要使学生的才能都得到充分发挥，为师生的发展创造良好的平台。这就要求高校校园文化建设做到以人为本与促进发展的结合。

1. 高校校园文化建设要以人为本

巴黎高等师范学校校长曾说过：“学校的任务是发挥学生的天才。”哈佛校长德里·博克也提出了类似的观点。他在哈佛 350 周年校庆时说，哈佛的骄傲在于使每一位进入哈佛大学的学生都能实现自我的发展。

探究人类由物质世界过渡到精神世界的规律，实现人的全面发展，为社会培养优秀的有用人才，是大学不可推卸的社会责任。教育的实施者和接受者都是具有独立意识的个体生命，因此在校园文化建设中，要以广大师生的存在和需要为价值取舍的最终依据。

高校校园文化建设要实现以人为本，就应该在实践活动中为师生搭建实现个人发展的良好平台，相互尊重、相互包容，营造一种鼓励创新的环境氛围，均衡各方面利益，营造和谐校园文化。

2. 高校校园文化建设要实现人的发展

高校校园文化建设要实现人的发展，就要提升学校的竞争力。高校校园文化体现了学校的核心竞争力，它为学校各项事业的协调发展奠定了重要的基础。高校校园文化可以分为物质、精神、制度和行为这四个层面，因此要提升大学核心竞争力，需要实现每一个层面的发展。

另外，大学核心竞争力对大学的各种核心能力和资源具有较大的依赖性。高校校园的文化建设,有利于提高学校的教育水平,提升学校的凝聚力、创造力和影响力,提升现代大学办学和承担重大社会责任的竞争力。而高校校园文化的创造与创新,以及"有效整合高校人力资源,充分激发其趋向于高校战略目标的积极性、主动性和创造性,对高校竞争力的形成和提升具有重要意义"。

第二节　高校校园物质文化建设

一、高校校园物质文化的内涵与作用

(一)高校校园物质文化的内涵

高校校园物质文化指的是高校校园文化在物质范畴之内的表现。它是校园文化的空间物质形态,是高校校园文化的物质载体和承担者。高校校园文化外化于物质形态,就是校园物质文化,是高校文化的第一层表现。高校校园物质文化涵盖着教学、科研、生活、设施、环境等方面的物质条件,又同时赋予这些物质以文化的内涵。物质本身并非文化,只有当物质成为人的精神世界的外在表现,被赋予了人精神世界的思想、情感的时候才能成为物质文化。高校内的环境与自然界的环境的差别就在于校园内的各种建筑、花木、草坪、园林、亭子、雕塑等,都是物化了的作品。它们不单是陈设的某一现象,还包含着学校的内蕴、学校的历史、学校精神、学校思想及时代风采,把物质的东西赋予了人的精神世界,赋予了学校的传统、校风、校园人的理想和追求。

不论古今中外,有名的教育家都对校园的物质环境很重视,他们都希冀一个清幽的学校环境可以对学生的心理状态和心情产生良好的影响,想借山光愉悦人情,借湖水以澄澈心境,在万籁俱寂中使学生产生悠远淡泊的心境而真正专注于学问。这其中包含着美学和心理学的因素。南宋理学大家张栻作诗赞美岳麓书院的胜景:"流泉自清泻,触石短长鸣。穷年竹根底,和我读书声。"岳麓山的湖光山色形成了天然的良好环境氛围,再加上张栻、朱熹、陆九渊等大家讲学于此,更使岳麓山的物质增加了一层闪亮的人文光辉,使得岳麓书院流传千年。

在进行高校文化建设时,高校的物质文化建设是必要前提和现实条件,高校物质文化的建设情况在一定程度上影响着高校文化建设的质量和总体水平。当前高校的竞争已经由单纯的师资竞争转变为全方位、多角度的综合实力的竞争。而校园文化特别是作为直接表现的校园物质文化,就成了体现高校综合竞争力的重要标志。

（二）高校校园物质文化的作用

高校学生从进入大学到走出大学，人生中最为青春的几年在大学里度过。在他们的整个大学生活中，无时不受到高校物质文化的影响，他们的思维、行为、观念、气质等都会在校园物质文化的作用下形成或者改变。校园物质文化会对大学生造成很大的影响。

1. 感染与凝聚的作用

高校校园文化对于身处其内的大学生有文化感染和陶冶的作用。这在于高校创造了一种与教学理念相适应的物质环境。这种环境对于生活在其中的人有潜移默化的影响，可以在陶冶人情操的同时规范大学生的行为。优美的校园环境，可以使学生受到启发和感染，激发其产生一种自觉的内在驱动力，主动地去完善自我，塑造完美高尚的人格。

大学的职责在于培育英才和从事研究，自诞生起，大学就作为一个独立的社会单元存在，其校园物质环境、物质文化也代代薪火相传。大学的物质环境是有形的、具体的，但其承载的物质文化却是无形的、扩散的。大学物质文化通过间接的方式，首先作用于大学培养的人才身上，通过人与物的沟通与感悟，将大学文化内化为人的素质，从而产生感染和教育作用，使教育的核心精神通过具象的物质反射力凝聚成为内心的精神诉求。这种反约的内化是一个心理过程，高校学生的发展动力产生内心的需要，而这种需要会促使他们养成良好的学习、行为习惯，也就可以把其获得的知识、道德等东西内化为自身的素质。在这个过程中，高校校园的物质文化不是通过硬性的规定和强制性的措施来约束管理，而是通过校园物质文化陶冶师生员工，使其自觉地被物质文化的氛围所吸引、所净化。

2. 激励作用

高校的学生在高校学习过程中，受到高校校园物质文化的影响，在校园的建筑布局、环境的美化、人文景观的设置、思想教育娱乐设施等物质环境的影响下，不断启迪智慧、陶冶情操、提升思想境界。

校园物质文化是校园文化最表层的部分，它在整个校园文化体系中变动最快，也最容易受到异质文化的浸染，因此，它往往成为校园深层次的精神文化变化和发展的开始，是校园文化的总体发展进程的先导。

高校校园物质文化与校园精神文化互为补充，它们相互作用、相互影响，其不同之处在于校园精神文化是非实体的意识层面的文化，而校园物质文化则是实体文化。校园物质文化可以通过日新月异的面貌和雅俗共赏的内容特质，对高校学生形成一种潜意识的持续激励和导向力量。这样可以使学生在校园的行为活动中表现出自觉自愿、认真负责和顽强进取的精神,从而在学生群体与校园物质文化两者之间形成良性的循环互动关系。

校园物质文化能够利用丰富的、不断更新的资源,对学生进行文化导向和精神激励。以潜移默化的方式熏陶大学生,从而对学校产生归属感和认同感,从而更加热爱学校。这种热爱可以升华为对国家、对民族的情感和认同,激发起高尚的爱国精神,并对大学生的世界观、人生观起到促进作用。

3. 引导作用

校园物质文化环境可以对学生产生潜移默化的引导作用,通过校园物质文化特有的象征性符号向生活在其中的师生传达校园的思想、文化和价值标准。比如,进入图书馆时,学生会感受到图书馆环境的肃穆、宁静,从而产生求知的欲望和对知识的崇敬情绪;进入体育场时,看见宽阔的场地和先进的运动器械,就会不由自主地产生运动的想法;进入食堂时,会因为整洁的环境而产生舒适的感觉;看见某个雕塑或者构造时,会想到某个历史人物,从而产生历史感。这些或优美、或肃穆、或整洁的物质文化环境,会对学校的教职员工和学生产生良好的导向作用,促使学校形成良好的校风。

4. 舒心作用

良好的校园物质文化环境能使生活在其中的教师和学生得到舒适、安心、愉悦的心理享受。高校校园中绿树成荫的校园干道、曲径通幽的绿色长廊、绿茵茵的草坪广场、争奇斗艳的四季花卉在纷繁的城市中营造了一个幽静的桃源,身处其中的人可以得到美的享受,养成良好的习惯,感受到大自然的生机,从而缓解学习和工作的压力,养成良好的心理状态。优美的较园物质文化环境没有污染、没有噪声、空气清新。这些可以促进人的身体健康,消除内心的抑郁、烦恼,消除痛苦。这优美的环境也可以改善大学生的学习、工作和生活的环境,使大学生心情舒畅,消除紧张、抑郁的情绪,生活在温暖、友爱的氛围之中。

二、高校校园物质文化的特征与载体

(一)高校校园物质文化的特征

1. 传承性与延续性

同人类社会其他的文化形式一样,大学的物质文化也具有明显的传承性和延续性特征。总结人类历史的发展情况表明,人类在进行改造自然环境的活动过程中,会给外在的自然世界打上人类的主观烙印。这种烙印在历史的流转中会逐渐沉淀为文化的印记,并通过这种流转对人类社会实现反作用。高校校园的一草一木、一楼一馆都带有高校的历史文化印记,这是在大学发展的过程中,通过一代又一代的师生烙印上去的。这些烙印记载着大学的发展历程,体现着大学的精神和品位,向人们说明着大学的理念、主张和价值;并且因为物质文化持久不灭的特性,在莘莘学子中间代代相传,在时代变迁中不断地积淀、明晰、延续并发展。

高校校园物质文化同时也是中华民族文化的载体和体现。在高校校园文化中蕴含着我们中华民族历史悠久的文化传承,这种传承以实体的形式存在,代代不绝,历久弥新。充满民族风格的校园园林景观建设、独具中国风格的传统建筑楼群,是民族性文化的具象表现;表现民族历史的历史文物、文化名人的遗墨字画,是民族性文化的多彩缩影;表现民族近代不屈历程的主题园地、英雄雕像,是民族精神的集中物化。

2. 地域性与学科性

高校校园物质文化环境在不同的地域有不同的特点,这种地域的差异就是地域性的表现。南方高校的校园环境较北方高校的校园环境多一份优美和静谧,而北方高校的校园环境则比南方高校的校园环境更显得博大和肃穆;西北地区高校校园环境就比东部高校校园环境显得格局广大,意蕴浑厚,反之,东部高校的校园环境就比西北高校的校园环境多点人文历史感。同处南方,江南高校同华南地区的高校校园环境就不同,同处江南,浙江大学和复旦大学的校园环境也体现出不同的特点。导致这种差异的原因,一是因为自然环境的地域性;二是因为文化传统和风土人情的不同。大学物质文化应主动适应并充分体现出地域文化特色。

高校校园物质文化还表现出学科性的特点,这种特点主要表现在以下三个方面。

(1)不同的高校有不同的专长学科,高校往往会依托于较强的学科发展,使这些学科获得优先发展的权利,而这些专长学科也就形成学校的办学特色,从而影响校园的物质文化特色。

(2)各高校的学科设置不同,教学设施条件和教育教学组织方法各异,空间利用和建筑设计也体现出不同的特色,这就使各高校显现出不同的校园物质文化特征。

(3)清华大学老校长梅贻琦曾说:“所谓大学者,非有大楼之谓也,有大师之谓也。”各高校在发展过程中在各个学科都曾涌现出大师级学者,大师们的思想成就、精神风格,都是大学文化的一部分。大师陆续凋零,但是可以用校园物质的表现形式具象地体现大师的精神财富，如保护名人故居、建造专家楼、以名师命名建筑物等，大师无形的精神资源将在校园中永驻。

3. 生态性与人文性

高校校园物质文化还具有生态性的特征，这主要表现在四个层面。

(1)大学校园物质文化从属于社会物质文化系统，是社会物质文化的一种表现形式，它体现了社会物质文化的基本特征和要求。高校校园物质文化不应该独立于社会物质文化之外，而必须与社会物质文化相联系、相协调。

(2)大学教育从属于整个社会的教育系统，可以看作整个教育系统的一个“生态位”，与教育系统内各个因素有密切的联系，教育生态系统中的各个因素之间相互影响、相互作用、和谐发展，促进了教育生态系统的平衡和发展。大学物质文化作为教育生态中的“生态位”，首先应表现出教育的功能和特色。

(3)大学物质文化在建设过程中要参考自然的生态平衡原则，使校园的物质文化可以符合自然的生态美。按照美的规律，创造出融合自然美和思想美的“第二自然”。

(4)大学校园物质文化是一个统一协调的生态系统整体。高校校园是高度人文化的环境空间，是大学师生在历史发展过程中根据办学理念和价值追求，按照美的规律，创造出来的自然美和思想美和谐融合的场所。在这个意义上，高校的物质形态凸显了高校的文化内涵和特色。高校的草地、树木、广场、亭榭、雕塑、文化古迹、文化遗址等人文景观是对高校校园文化的展示；高校校园里的交通、通信、购物以及供水、供电、供气等物质条件也体现出人性化特点和教化育人的功能；教学组织方式、公共秩序等则是大学精神的体现。高校文化不应该只是建设在由钢筋和水泥组成的大楼里，还应该是新材料、新能源和信息技术所支撑起来的智能大厦，应该体现现代人精神追求的艺术世界，应该是建立在现代文明的道德、行为规范之上的文明之地，应该满足校园人多样化和个性化的发展。

4. 展示性与标识性

从表现形式上来说，高校物质文化具有明显的展示性和标识性。大学校园的物质基础是承载开展知识传承与创造活动的大学校园建筑、设施、环境等。这种物质基础在人们的心里会以物化的形象定型，标识性地时时展示在人们的面前，所承载的理念、人文、观念等文化存在于校园的每一个角落。例如，丰富多彩的校园橱窗内容，展现着学生生活的不同侧面；整洁有序的教学建筑，昭示校园学术的神圣庄严；花木成荫的自然景观，诉说校园自然怡悦的本真特质；现代化的学校公寓设施，彰显校园文化的与时俱进。这种物质文化随校园独有的物质文化设施存在而时时存在,随校园和建筑的标识而时时向人们展示,并使人在与物的思想呼应中,不断去感悟校园的历史和变化。

(二)高校校园物质文化的载体

大学校园物质文化所蕴含的价值取向,总是以不同方式直接或间接地影响师生的心理倾向和心理状态。它有不同的载体,各种载体具有相应的育人功能与文化意蕴。

1. 校园环境

校园环境是校园物质文化的最表层含义,它是高校学生的立体的、多彩的教科书。高校校园环境内在地包含着校园的规划和环境的绿化、美化,但是校园环境的建设不应该止步于此,更重要的是强化它的教育功能,将自然和谐的布置与教育功能完全融合为一体,产生潜移默化的育人效应,达到"以美立校、以美启智、以美促德、以美健体、以美育人"的教育目的。

校园总体规划是校园环境建设最主要的内容,也是形成良好的校园环境的最重要因素。这实际上是一种与大学生、与教师学习和生活密切相关的环境设计,目的是使学校内的师生们感到安静安全、舒适方便、环境优美。

校区绿化是改善学校环境的重要组成部分,也是高校校园物质环境建设之中最容易为人关注的部分。它能使大学师生在工作、学习之余,在花繁叶茂、富有生机、优美舒适的环境中得到休息,使其身心舒畅,是高校环境好坏的标志。

校园环境设计要注意:植物在栽培过程中要注意高低错落,草地与花木的面积对比要有一定的韵律,植物色彩的搭配要合理,使环境整体协调统一。

2. 雕塑与造型

在雕塑艺术中,校园雕塑是一种特殊而又重要的类型。大学校园雕塑长期置于校园空间中供师生观赏,有着特殊的置放环境和欣赏对象。其设计要结合校园的特定背景,展现大学的理念、价值。校园雕塑是高校精神的物化载体,是高校精神的具体体现。它承载着高校的历史、传统、文化和社会的价值,是校园物质文化环境中不可或缺的建构要素。

高校校园雕塑在空间和区域内具有显著的特征标示作用。就校园总体格局而言,校园雕塑的置放可以在校园环境中起到画龙点睛的作用,可以强化校园的整体格局,凸显现有的空间特征,烘托高校特有的文化内涵。就校园雕塑本体而言,它往往具有审美和教育两大职能。它们不仅具有优美的形态,还具有内化的纪念意义和主题寓意,可以创造和烘托某种气氛,对师生起到感染、教育和激励的作用。

在当代校园物质文化形式越来越丰富多样的前提下，校园雕塑与造型作为校园物质文化的重要载体，已经越来越受关注。作为一种物化了的精神实体，校园雕塑和造型集中反映了大学道德价值观和审美取向，影响着教师和学生对于学校物质文化的记忆和情感。

3. 校园装置

高校校园装置具有与校园环境相似的特质和价值，但是又有不同的内涵。与校园环境相比，校园装置是在空间中更有秩序地摆放物件和各种材料。这个空间里可以是开放的，也可以作为整体被人从外面来观看。在建造程序和难度上，校园装置要比雕塑和造型更加简单、方便。

高校装置艺术文化的创造者通常是师生群体。他们从自身的情感表达需要出发，从自身的校园生活感受中取材，运用丰富的感性和理性资源，创造出生动形象且有校园韵味的装置艺术。这种装置通常具有文化的深层次认同性，不管它是以批判为目的还是作为弘扬性的，又或者是思辨性的校园装置艺术，都能使校园中的观者感受到高校青年教师和学生深刻的思想文化思潮。它们是高校校园物质文化中先进性文化的最直接体现。

4. 校园景观

高校校园景观是高校物质文化中最为精华优美的部分，是高校环境与高校艺术人文气息融合的结果。它典型地体现着高校的历史文化传统、学术水平、管理教学理念和教职员工的素质，是高校内部诸多因素相互作用协调发展的结果。高校景观艺术的设计不仅是高校校园内树木、假山、喷泉、楼房的简单罗列，而是一个系统的综合工程，是科学、艺术、文化共同参与的结果。

三、高校校园物质文化的内容

高校校园的物质文化是社会文化的重要组成部分，是校园事物在空间上的分布状况，是高校师生校园活动的物化表现。一般可以将高校校园物质文化分为两个方面的内容，即设施内容和环境内容。

（一）高校校园物质文化的设施内容

1. 图书馆

高等学校的图书馆是高校师生进行教学和科研的重要的学术性机构，是构成现代高等教育的重要支柱。教师的备课、学生的课外拓展、科研课题的开展和学术交流的进行都依托于图书馆的信息资源或者图书馆的场地进行。

高校通常把图书馆当作学生的第二课堂,学生在学习过程中遇到问题可以去图书馆寻找答案,在专业学习之余还可以根据自己的兴趣和生活需要,去图书馆研读各种文献资料,用以开阔视野,完善知识结构,培养自己良好的学习习惯,陶冶情操,这样可以提高学生的综合素质。同时,随着网络的发展,信息已经在生产力序列中占据越来越重要的位置。高校图书馆已经在很大程度上成了信息产品的重要生产来源,成了发展先进文化的重要基地。

高校图书馆所具有的深刻的文化内涵会通过潜移默化的形式影响学生的心理气质,使学生渐渐形成温润谦和的处世态度,形成独立自主、健康向上的良好素质。

2. 学生宿舍

高校宿舍是高校学生生活的主要场所,在高校物质环境中,学生宿舍是与学生联系最为紧密的因素。在长期的宿舍生活中,以学生为主体,以宿舍及其周边场所为主要载体,以积极向上、健康有益的课外活动为主要内容,形成了一种师生共创和共享的良好的群体性校园物质文化,这就是高校校园宿舍文化。它包括宿舍的设施、整体布局、卫生状况、规章制度、住宿者的人际关系、价值取向等多个方面的因素。宿舍文化的具体表现则为宿舍人员的关系、道德水准、审美情趣、思想意识、语言风格和生活习俗等。

高校的宿舍文化是高校校园物质文化的一种微表现形式,能够整合宿舍成员之间的性格差异,使生活在宿舍这一环境中的学生具有相似的思维方式、价值观念、理想追求和行为习惯,形成较强的凝聚力。

3. 学生食堂

高校校园物质文化的建设越来越注重对校内物质资源的全方位、多层次的利用。在高校物质文化整体中,学生食堂的角色正在慢慢发生改变,学生食堂结合其他的文化环境,被赋予新的文化内涵,而逐渐从单纯的用餐场所演变为校园物质文化的重要组成部分之一。这种变化带来了食堂建筑空间格局、交通模式、建筑形象的综合变化,同时也衍生出校园物质文化中的一种新兴文化形式——高校校园食堂文化。

高校校园食堂文化的内涵主要表现在现代性的形象、开放性的格局和高效的实用性上。现代性的形象指的是设施的先进和建筑的美观;开放性的格局指的是高校食堂有多层次的开放空间,在满足大量学生餐饮、娱乐要求的同时,为学生提供尺度宜人、动静有别的交流场所;高效的实用性指的是食堂食物的便捷和全面,可以为学生提供最大限度的方便服务。

4. 教学设施

高校教学设施指的是直接可以用于教学、科研、实验、实习、实训的教室、实验室等。这些设施属于高校基本设施,是高校物质文化的组成部分。

教学楼是高校学生进行学习的最主要场所,是校园物质文化景观最集中的体现。高校教学楼一般是根据高校所在地的地理环境气候特点和高校整体文化倾向建造的,所以彰显着高校独特的校园文化氛围。

实验室是高校进行科学研究的主要场所,是高校作为权威教学和科研机构的重要承载体。实验室本身就有一种崇高的文化属性,可以激发学生对于科学研究的兴趣,培养学生动脑和动手的能力。

5. 文体娱乐设施

高校校园文体娱乐活动是每个当代大学生都会经历和参与的重要环节之一。作为活跃校园文化生活的重要手段,高校校园文体娱乐活动是促进同学之间的相互了解和交流、增强同学之间的团结和凝聚力、增进班级的友谊和联系的重要手段。文体娱乐设施在高校校园物质文化中扮演着重要的角色。根据高校校园文体活动的特点,高校校园文体娱乐设施也具有相应的特点。

(1)群众性。高校校园文体娱乐活动一般由学生自发组织、策划,学生的参加也都出于自发。因此,在文娱设施的设置上,要尽量考虑到学生发挥特长、组织和举办文体娱乐活动的灵活性、必须兼容不同学生的喜好,适应更多人。

(2)实效性。高校校园内丰富多彩的文娱活动,能够充分反映时代特点,紧贴时代发展,其文娱活动方式也多种多样。在进行场地设计时,要最大限度地充分利用有限空间的多种功能,利用现代技术手段,满足学生活动对场地、设施等的多样化需求。

(3)非营利性。高校学生群体性的文体娱乐活动一般都是非营利性的,这是它与社会性商业文体活动的本质区别。高校校园的文体娱乐设施配备,应充分考虑到各种活动设施的实际效能与经济收益的协调。

(二)高校校园物质文化的环境内容

1. 自然景观

高校校园自然景观表现着校园的生命形态,赋予了校园自然的活力。当代高校校园的自然景观往往被视为校园综合文化魅力的重要组成部分。优美的校园自然景观是校园物质文化的重要体现。

高校校园的自然景观往往与校园总体规划紧密协调,并且突出展示高校校园的地方特色和学科特色，彰显文化内涵。高校所在地的地形、地貌、水文、地质、文化古迹、原有建筑、自然气候特征等综合因素，都会对高校自然景观造成影响，这些因素综合作用才形成了浓郁的校园自然景观文化。

2. 人文景观

高校校园人文景观就是基于高校自身历史和人文资源建立起来的一系列人文特色的建筑、标志。例如，历史人物为学校题写的签名、历史大事纪念碑、校史展览馆、校友名录、画像等，都是校园人文景观的突出体现。

大学是传承文化、教书育人的场所，大学校园人文景观的形成与校园的历史发展脉络有密切的关系。大凡中外著名学府，其校园大多有着悠久的历史。这种浓郁的历史氛围是校园的文化财富。在进行校园建设时要特别强调历史的观点，优秀的校园人文景观，常常表现为创造有历史文化感的景观与纪念性设施。这些景观与设施以鲜明的历史故事为依托，犹如一本本形象的史书，默默地讲述着学校的鲜活历史、学校的成长过程，让人领悟到学校传统文化精神的真谛。

高校人文景观的设计还应该以人为本构筑交流的空间，体现个性化的原则，充分体现大学的人文关怀的精神。

第三节　高校校园制度文化建设

一、高校校园制度文化的内涵与作用

(一)高校校园制度文化的内涵

高校校园的制度文化主要是指高校因为受到社会、国家政府的影响和学校内部运转的需要而在长期的自身发展过程中形成和发展起来的高校内部人员的行为准则、道德规范、群体意识、生活习惯等。这些校园制度文化实质上反映了学校对于学生行为调控的程度、监控的原则、管理的张力。无规矩不成方圆，世界上任何组织和部门的顺利运行都需要一套完整的、行之有效的管理制度来维护其自身的利益，高等学校作为社会组织的一部分自然也不例外。为了学校的发展，必须建立健全一套完整的规章制度来保证学校的教学、科研、生活及其他方面正常运转。

高校校园制度的制定和实施是在高校长期的办学实践中，由高校的管理部门在严格按照国家有关法律法规、方针政策和地方政府与教育部门相关规定的基础上，通过总结高校自身发展的宝贵经验或借鉴其他高校校园制度的先进、合理成分，并参考本地本学科的特殊条件而建立的，以约束、规范、引导、保护校园师生员

工行为与利益，维护高校正常学习、生活、工作秩序为目的，符合高校发展实际的，由一系列实用有效的规章制度构成的相对完整体系。

（二）高校校园制度文化的作用

高校校园的制度是学校管理者行使管理职能的依据，只有高校的师生在学习、生活过程中，在组织开展各种活动过程中都严格按照高校的制度办事，才能使高校校园内的一切学习、工作、生活过程杂而不乱、井然有序。高校校园制度文化的作用如下。

1. 强制作用

高校的规章制度在公布实行的同时就有了一定的强制性，要想使制度真正起到应有的规范行为的效果，单靠教师、学生的自觉是不够的，一定有赖于制度本身的强制性。校园制度的强制性要求校园的人员严格地、无一例外地遵守校园制度的规定，一旦触犯，就会受到相应的严肃处理。通过制度的强制作用，维护了学校正常的教学、工作、生活秩序，使得广大青年学生在制度的约束下养成良好的习惯，并树立良好的价值标准和高尚的道德观念，同时，对于高校校园制度的应有地位的确立也有重要作用。

2. 强化作用

通过制定高校校园的制度，可以强化高校的群体价值观，使高校的精神文化落实在制度层面上，高校的制度文化在这个过程中也会得到建立。不同的制度对于相应的价值观有不同的强化作用。比如，评选星级达标寝室制度，将强化集体主义价值观；勤工俭学制度，将强化学生的劳动观念和按劳分配的价值观等。

3. 导向作用

参考世界高等教育的一般规律可知，高等教育的目的是培养学生良好的人格和扎实的专业学术基础，为社会进步培育精英人才。我国高等教育的目的是培养社会主义建设事业合格的接班人。高校在制定制度时要秉持这一前提，参考各地各校的教学实际，制定合理、有效的制度。高校制定的制度要符合我国社会正确的价值观，要体现广大人民群众意志，为社会主义事业和人民群众的根本利益服务。

高校校园制度文化渗透着高校的办学理念和办学宗旨。高校通过制定、实施、执行各种制度规则，将各项事业纳入整体发展规划中，从制度上保证决策执行的质量和效率，提高决策执行的科学化、民主化水平，推动教学、科研和管理工作朝着理想目标不断推进，为学生更好地服务国家和社会打下坚实的基础。高校校园制度文化的这种导向作用还体现在对于不符合学校健康发展的价值取向、道德准则和行为方式所具有的规避、调节和抑制作用。

4. 教育作用

高校校园制度文化是高校规范化管理的基础,体现着高校对于教师和学生各种品质、行为、人格的评价尺度,体现着学校提倡什么、赞扬什么和反对什么、批判什么的原则,是学校整体价值观念的制度化表现,使学校的教学理念成为可见的、可感的、现实的因素。

高校校园制度会使学生明确什么可以做,什么不可以做,有利于营造有序、合理、公平、公正的教育环境和精神氛围,有效地激发和调动学校的每个成员参与学校活动的积极性、主动性和创造性,使其以昂扬的情绪和奋发进取的精神状态积极投入到学习、生活和工作中。高校校园制度文化的具体实行有利于高校师生形成良好的道德品质和正确的价值取向,使其在日常活动中自觉地根据制度文化所倡导的价值观念和行为准则的要求,规范自己的行为,陶冶自己的情操,使自己的目标更加明确,道德更加高尚,达到深层次育人的目的。通过教育的奖励和惩罚效用发挥高校制度文化,可以使高校制度所规定的精神渗透到学校工作的各个环节,成为学校教育的一部分内容。

5. 凝聚作用

高校校园制度文化是在高校的历史发展过程中,在高校师生员工共同努力下逐渐形成的。这种制度文化承载着高校师生共同的理想和追求,体现着他们共同的心理意识、价值观念和文化品格。这些品格能够激发高校师生员工对学校办学理念和办学宗旨的认同感和作为学校一员的使命感和归属感,从而形成强烈的向心力、凝聚力。高校良好的制度文化能使高校师生员工把个人利益与学校的前途和命运紧紧地联系在一起,促使他们在日常的学习、工作和生活中时刻把心与学校的发展联系在一起。我国高校制度文化建设的实践证明,高校制度文化建设水平愈高,这种凝聚力就愈强。

高校校园的各项制度贯穿于学校工作、生活的所有领域,是学校建设的基础。它是影响学校运行的最重要的机制,使校园各级组织的工作、生活、活动有了可靠的依据,保证教学及其他各种实践活动的顺利开展。因此,校园制度文化在整个校园文化的发展中具有非常重要的意义。

二、高校校园制度文化的特征与载体

(一)高校校园制度文化的特征

高校校园制度文化的特征是与高校的教学实际紧密联系在一起的,具体地说,高校校园制度文化具有规范性、系统性、连续性、稳定性、创新性等特征。

1. 规范性

规范性就是指高校校园制度文化规定着生活学习于其中的人们什么是允许的，什么是不可以做的，同时规定着违反规定会承担什么样的后果。规范性是高校校园制度文化最主要的特性，是制定制度的根本目的，也是制度强制力的体现方式之一。通过制度对人的规范作用，可以使社会生活变得更有秩序。

为维护学校的良好运行，高校成员会根据学校实际情况制定各种制度规则，并在执行的过程中形成遵守规则的制度意识。这种制度文化具有一定的规范性和强制力，是师生员工日常行为的参照标准。高校的师生员工基于制度本身的规范性以及对学校各种制度的认识，会在一定程度上约束自己的行为。古人说："不以规矩，不能成方圆"。有了规范的制度规则和广为认同的制度意识，学校各项工作才显得有条理、有生机，才会有更好的发展。

2. 系统性

高校校园制度文化的系统性，是指高校校园的各项制度不是孤立存在的，而是由相互联系、相互依存的多分支、分层次的校园制度规则构成的完整的有机统一体。它既包括学校的章程、行为规范和传统习惯，还包括各职能部门、院系的规定，甚至涉及校内各种社团、协会内部的规则、约定等。这些制度和规定有些是明文的正式制度，有些则是存在于口头的非正式制度。两者虽约束力不同，调整范围也不一样，但都从总体上系统体现了学校整体或者某一方面的理念、宗旨以及学校的校园文化和学校未来发展方向。

3. 连续性

高校校园制度文化是在学校历史的长期发展过程中，通过实践积累、沉淀形成的。无论是成文的、正式的制度，还是非成文的、非正式的制度，都有一个较长的产生和发展过程，包括学校师生的制度意识也不是一朝形成的。校园制度的形成是建立在对过去实践经验总结的基础之上的，同时对以后学校各项工作的开展发挥着示范作用。高校制度文化在发展中体现了传承的连续性，这样使学校各项工作可以平稳有序地进行。如果这些制度规则没有连续性，制度心理、制度意识、制度观念没有继承性，则学校校园制度文化就很难塑造，学校正常秩序也很难维持下去，学校的长远发展也就无从谈起了。

4. 稳定性

高校校园的各种规章制度是高校在长期教学管理实践经验中总结出来的，反映了高校教学管理的内在要求。这种制度文化一旦形成就具有相对的稳定性，并可以在同等条件下反复运用。高校在制定、公布、执行校园制度的过程中会逐渐建立一个稳定的校园环境，形成相对稳定的校园文化，从而规定高校师生员工需要共同遵守的习惯、传统、心理、意识。这些制度文化会沉淀为一个学校的学风、教风、校风，在一定的时空条件下保持相对稳定的状态，从而成为学校无形的巨大财富，影响着一代又一代师生员工的精神风貌。

5. 创新性

事物总是发展变化的，当社会的物质生产、生活环境发生变化时，制度文化赖以生存的基础就不复存在，就有必要对其进行适当的调整和创新。高校制度文化也是如此，当制度不适应高校发展的实际情况时，就可以对其进行改革。高校制度文化是在一次次对于原有制度的扬弃中逐渐确立的，所以它也就天然地具有创新性。高校制度文化的稳定性并不意味着制度的一成不变，当教育的外部环境发生变化时，校园制度就会进行必要的调整，在继承传统的基础上补充新的内容。在当前的高校改革和发展进程中，高校制度文化的创新是推动高校进步、建设先进校园文化的有效途径之一。

（二）高校校园制度文化的载体

高校校园制度文化必须有赖于一定的承载形式才能发挥作用，而随着其规范的范围不同，也会表现为不同的形式。一般来说，高校制度文化的载体有大学章程、学术规范、行为规范、学生社团等。

1. 大学章程

大学章程是高校制度文化中最基本的规定，是为确保学校正常运行，学校的管理者就办学理念、内部管理体制、师生员工的权利和义务以及资产、财务等重要问题，做出全面规范而形成的自律性的基本文件。大学章程在制定过程中是以国家教育法律法规为指导，以高校的教学实际为依托形成的。它为学校制定其他规章制度奠定了基础，是大学办学的纲领性和指导性文件，是大学成为法人组织的必备条件和重要指标，是依法治校的重要组成部分，是现代大学制度建设的重要内容。大学章程通常被称为大学发展、建设和管理的“根本大法”。

作为高校校园制度文化最重要的载体，大学章程体现着大学的价值观念和精神。高校在制定学校章程过程中，应多方面吸取本国、外国、古代、现代著名高校在办学理念和治校方法上的经验教训，结合现实情况，从“文化发展”的角度来理解和把握高校校园制度，给高校校园制度赋予文化色彩。

高校制定校园制度要在保证不与国家的法律、法规等上位法相抵触的前提下，突出高校自身的目标追求、价值观念、素质要求、作风态度等精神文化，使制定的章程既能符合实际要求，又能彰显自身特色和时代特色，既反映国家要求，又体现学校内涵，发挥其行之有效的规范作用，引领学校向正确的方向发展。

2. 学术规范

现代意义上的大学除教书育人的责任外，还担负着科研的任务，大学已经成为科学研究的前沿阵地和先进思想的发源地。为了规范学术研究，为大学师生和研究人员创造良好的研究环境，各大学都制定了合理的学术规范。学术规范指的是高校师生和研究人员在进行学术活动时需要遵守的基本伦理道德规范。它涉及学术研究的整个过程以及学术活动的各个方面，如学术研究规范、学术评审规范、学术批评规范、学术管理规范等。

不同的学科，不同专业门类有着不同规范要求，对于学术规范，我们可以从三个层次来理解。第一层次是最基础、最底层的规范，它通常具有最高的权限、最广泛的适用层面，具有最大限度的跨学人、跨学科、跨文本属性，在很大程度上是一种母规范，应当尽可能地在学界达成共识，具备较为固定的范式体例。第二层次的规范是各门学科、各种文本自身的规范，它由业内人士根据各个学科的学理规律、各种文本的创作特点自行制定，只适用于本领域，对于其他学科、文本只具有参考和借鉴意义。第三层次的规范是各个学派、各个区域、各个时期规范的记录。这种规范最为具体，是最底层的学术规范，同时因其具体，也必然生动，体现着各个门派、源流、代际之间的特色。

学术规范除了规定学术研究的注意事项，也规定了违反的惩治制度。我国高校是学术研究、学术创作和学术传播的重要场所。广大教学和科研人员在长期的教学和科研工作中一直坚持正确的治学导向，严肃认真、积极进取、锐意创新，树立了良好的学术风气，为教学科研事业和国家、社会的发展贡献了自己的力量。但是，一些人身上也存在学术失范问题和学术不端的行为，严重损害了学校和教师队伍的形象，败坏了学术风气，造成了不良的社会影响。这些学术失范和学术不端行为的发生，固然与个人的人格缺陷有着内在的联系，但是也反映了学术规范的不完善。

学术规范是一项系统工程，制度文化建设是其根本。始终将制度文化建设贯穿于学校整体建设之中，着力建设学术规范的长效机制，最主要的是建立健全学术规范的外在约束机制和内在自律机制，保证学者和专家的社会公信力，保证高校教师学术研究、学术创作的严肃性、规范性和纯洁性，促使高校产出更多高质量的智力成果。

3. 行为规范

行为规范是指约束、限制人们行为的力量和准则。高校行为规范主要是由教师行为规范、管理人员行为规范和大学生行为规范构成的。各地各高校都有独特的环境和风格特点,只有准确地认识和把握自身的教育实际,经过理性的思考和正确的行为选择,才能科学地制定学校的行为规范。在制定行为规范时,各高校应把科学精神教育、人文素养教育、创新能力教育以及身心健康教育有机地结合起来,依据《高等学校学生行为准则》,从学校实际情况出发,制定和完善大学生行为规范,保证行为规范的适用性和可操作性,并通过合理并且行之有效的行为文化的引导,使高校师生形成共同的道德准则。

4. 学生社团

高校的学生社团是学生按照国家有关法律法规和学校的规章制度,依据一定的程序自发地、有组织地申请成立的大学生群众性组织,是大学校园文化中最具开创性,最具生命力、凝聚力,最为活跃的一个特殊群体。随着高校素质教育改革的不断深化,高校学生社团的发展规模日益扩大,其活动形式和活动内容也朝宽渠道、深层次、高品质、全方位的方向发展。学生社团正日益成为大学生参与学校活动、拓展知识结构、提升自身能力、丰富内心世界的重要途径。统计数据表明,高校有70%以上的大学生参加过各种类型的社团组织。这已逐渐成为大学生的一种生活方式。

学生社团在活动过程中会制定一些需要社团人员共同遵守的行为准则。这些准则可能并不以正式的条文形式来体现,而只作为一种大家共同认同、共同遵守的规定。这些规定也是高校校园制度文化的一部分。

三、高校校园制度文化的内容和组成要素

(一)高校校园制度文化的内容

高校校园制度文化是校园内各种具有科学性、思想性、教育性的规章制度的总和,以及通过规章制度的贯彻、实施而在高校师生员工内心产生的制度心理、制度意识等。高校校园制度文化的基本内容应该包括以下两个方面。

1. 制度规范

为了确保学校运行的稳定,促进学校科研和教学的不断发展,各地各高校制定了很多校园的制度规范。这些制度包括组织管理制度、教学管理制度、人事管理制

度、生活行为管理制度等几个方面。

高校制定和贯彻执行的这些规章制度,既有国家颁布的教育方针、政策、法律、规章,也有政府主管部门制定的各种章程、规则、指令、命令,但更多、更直接的通常是各高校结合自身实际而制定的大量有关教学、科研、学习、日常管理等规章制度,这些制度都是具体可见的。

2. 制度意识

高校在制定各种规章制度后的实施过程中,会在师生员工价值取向、行为方式、舆论导向上进行正确的引导,同时会将制度内化为个体符合制度规范的自觉要求。通过制度的宣传、贯彻、执行,把外在要求转化为内在的需要而形成一种良好的制度文化氛围,从而形成一种自觉遵守制度的制度意识。制度意识并不是像具体制度那样表现在外部,而是通过内在的导向使人自觉地遵守。

(二)高校校园制度文化的组成要素

高校校园制度文化以精神文化为底蕴,以物质文化为外在表现。它的组成要素就是指构成高校制度必不可少的因素,主要包括以下几个方面。

1. 办学理念

高校的办学理念是指在高校创办和建设过程中,高校的师生员工经过长期的办学实践、理性思考及文化传承与创新而形成的教育价值取向和理想追求。高校的办学理念决定着高校总体运行的方向、效率和效益,决定着一所高校的思维方式、办学水平和办学特色。它的精神可以贯穿到高校办学的整个过程,渗透到办学的各个环节,是一种具有相对稳定性、延续性和导向性的观念体系。这种理念对于教师、学生的价值指向和理想追求具有引导作用,对高校的教风、学风、校风建设也具有潜移默化的熏陶作用。一所高校有什么样的办学理念就会形成什么样的办学特色和风格,从而形成相应的校风、教风和学风。它同时会影响人才培养的质量和水平,有助于人们更好地把握高等教育的本质和规律,形成符合时代发展的制度文化。

2. 价值取向

所谓价值取向是指主体对于价值的追求、评价、选择的基本态度,即一个人以什么样的态度理解自身价值和社会价值,并作出相应的认同。高校价值取向集中体现了广大师生员工的价值评价和观念,是高校精神的核心,也是形成高校制度文化的重要前提。在高校制度建设中,要明确什么应该是高校的价值取向,应该选择合理正确的价值取向,摒弃不合理的、错误的价值取向。在高校制度的具体实施过程中,价值取向通常表现为高校成员关于学习、生活、工作的是非、善恶、好坏的价值评价。大力弘扬正确的价值取向,可以营造良好的校园文化,规范和影响师生员工的思想、行为。

3. 大学精神

大学精神是高校在长期办学实践中逐步形成和发展起来的稳定的,为高校全体师生员工所共同认同的总体气质、精神品格、行为理念和文化氛围。大学精神是大学文化中最核心的部分,是大学文化的灵魂。大学精神在大学的历史发展过程中一旦形成,就会不断地浸透到高校的物质环境和制度文化之中,在学校的师生中也会有内在的体现。它既隐于校园制度规则之内,又显于校容校貌之外;既潜藏于师生员工之心,又体现于师生员工之行。高校制度文化是最先物化的价值观念,也是最先把大学精神的价值指向从潜在转变成现实,从而成为人们可以理解和把握的形态的途径。大学精神是校园制度文化形成的基础,校园制度文化是大学精神的重要体现。

4. 管理体制

高校的管理体制是决定学校内部组织分工、机构设置、管理权限以及相互关系的根本组织制度。它直接支配着学校的全部运作体系,具有整体性、全局性的特点。高校校园制度文化是维护高校正常运转的重要保证,调节着高校内部各个组织、成员的行为和关系,也协调着高校与国家和社会的外部关系,是高校实现科学管理的重要手段。高校制度文化建设应以学校的办学宗旨为依托,不断开拓创新,积极探索符合时代发展要求的管理模式和管理理念,建立高效、充满活力的教学、科研、人事管理等一整套运行体制,形成自己独具特色的文化传统,不断提高学校管理者科学管理的能力和依法治校的水平。

第四节　高校校园精神文化建设

一、高校校园精神文化的内涵与作用

(一)高校校园精神文化的内涵

高校校园精神文化是高校校园文化最为核心的内容,是校园文化最为重要的组成部分,在校园文化整体中居于主导地位。良好的校园精神文化氛围对于学校的稳定运行和发展具有重要意义。它可以促进学校的教学、科研、生活的发展,是

我国当前教育工作的一项极为重要的内容。建设良好的高校校园精神文化是社会主义精神文明建设和社会文化发展的需要,也是搞好校园文化建设的关键。

高校校园精神文化是指高校全体成员共同认同并尊奉的价值观念、思想意识、道德规范、发展目标等校园精神的综合。它内在地包括大学理念、大学传统,校风、教风、学风,以及校训、校徽、校歌、校史等内容。高校精神文化集中反映了一个学校的特点、个性及精神面貌,体现了高校的办学宗旨、培养目标及其特殊风格,是校园文化的核心和灵魂。虽然高校校园精神文化并不似物质文化和制度文化那样是实体状态,可以看得见、摸得着,但它却真实存在于高校的每一个角落,渗入高校教学、科研、生活的总体过程中,深刻地影响着学校的行为准则、价值取向、生活习惯和规范体系,引导高校师生乃至整个社会群体的行为、心理,使其在潜移默化中接受共同的思想引导、情感熏陶、意志磨炼和人格塑造,对高校可持续发展和社会进步具有重要的意义和作用。

(二)高校校园精神文化的作用

1. 导向作用

高校校园精神文化的导向作用是指高校精神文化可以通过自身各种文化要素的集中作用,对校园的总体风尚和高校师生员工的价值行为取向产生引导作用,使之符合学校确定的目标。高校精神文化在形成的过程中会建立起系统的价值体系和规范标准。如果高校的成员自身的价值取向和行为取向与高校校园精神文化所表现的价值取向发生抵牾,甚至产生错误的价值和行为取向时,高校校园精神文化就会对其产生影响,使其慢慢接受正确的价值观,在高校校园精神文化的引导下,在潜移默化中接受周围的共同价值观,使自己的价值取向与学校价值取向和谐统一。

高校的精神文化理应是开放的、兼包并蓄的,高校应该允许各种观念的碰撞。处在人生生理、心理发育关键时期的大学生更需要新鲜的、正确的观点来开拓思维。但是处在这个阶段的大学生的思想观点、政治态度、道德观念均含有极大的不稳定性和模糊性,思想容易偏激、行为容易盲从,甚至误入歧途。这就需要良好的高校精神文化,通过熏陶、教育的功能,为学生的成长成才提供优越的精神土壤,同时抑制不良心理、行为和习惯的滋长,使他们能够正确选择社会信息,接受正确思想,健康顺利地成长。

2. 激励作用

高校精神文化的激励作用是指高校精神文化所具有的,使大学生从内心产生一种昂扬情绪和进取精神的效应。这种积极向上的思想观念及行为准则促使学生形成强烈的使命感,成为促进学生学习和发展的持久的驱动力。高校精神文化的核心意义在于可以围绕学校的发展目标塑造共同的价值观、共同的办学理念,从而使校园内的每个人都能体验到这种文化氛围,产生一种自我增强的激励机制。

高校精神文化的这种激励机制,可以有效地满足高校多层次、多样化的需求,并对不合理的需求,通过校园精神调节,使其趋向合理,推动个体积极向上,从而形成奋发向上的整体力量。

3. 凝聚作用

高校校园精神文化在被高校师生共同认可后,会在全校师生中产生强烈的认同感和归属感,使得高校师生的个人信念、感情、行为与学校的目标、宗旨可以有机统一起来,形成稳定的文化氛围,凝聚起一种合力和整体趋势,从而产生一种巨大的向心力和凝聚力,这种作用就是高校校园精神文化的凝聚作用。

通过高校校园精神文化的凝聚作用所凝结成的集体合力、奋发向上的群体意识和学校成员的主观能动性,可以促使高校在学校竞争和社会竞争中具有极大的心理优势。高校精神文化中所蕴含的价值观被学校师生共同认可后,就会通过凝聚作用使得广大师生团结起来,发挥自身潜能,积极参与学校建设,为办学目标的实现做出贡献。这种凝聚力可以使师生员工找到自己在学校发展中的责任和使命,产生维护学校精神的强烈归属感和责任心。

4. 约束作用

高校校园精神文化的约束作用是指高校校园精神文化对每个生活在其中的人的思想、心理和行为具有的约束和规范作用。这是通过营造一定的思想氛围、道德氛围和行为氛围,进而影响学生的价值观、道德观和行为心理。高校校园精神文化中的群体意识、社会舆论、共同习惯和风尚等,可以对个人的行为产生强大的大众化的群体心理压力和动力,从而在每个学生的心理上引起共鸣,使其产生行为的自我控制,形成约束作用。高校校园精神文化的约束作用包括以下几个方面。

(1)行为约束。

行为约束是高校校园精神文化中对人不正当行为的约束能力。在高校中,行为文化包括校园文化主体的各种行为方式。如果一种行为方式在高校中可以持久地坚持,就会形成一种相对稳定的模式。在高校中,这种模式就是校风,表现在教学上就是教风,表现在学习上就是学风。这种校风、班风、教风和学风一旦形成,必然会对其成员产生一种无形的约束支配力量,使生活在其中的每一个人都受其影响,使他们尽量使自己的行为方式符合行为约束要求,并能够自觉地去维护、去遵守，使得好风气代代相传。

(2)舆论约束。

舆论是一种社会力量，是社会生活中的一部分人对某种事物所持有的大体一致的意见，舆论具有支配人类行为道德的一定权威性和无形约束力，对于人的言论和行为是有约束的功能的。高校校园精神文化可以在校园内形成强大的舆论，给某件事、某种行为定下一个是非标准，进而形成一种学校全体成员共同遵守的原则，对每个人的行为予以规范和约束。

(3)道德约束。

道德约束指的是为了协调人类的社会关系而产生的一定的准则和规范。道德用善恶的标准来认识、评价和把握社会生活中人与人之间的关系，并且表现在道德现象的各个层面。高校精神文化对高校师生员工的道德都有规范制约的作用，规定教师要有高尚的师德，学生要有良好的品德，职工要有良好的职业道德。除此之外，高校师生员工不仅受到高校内道德的规范、约束和支配，而且还要遵守社会公德，并在相互交往中培养出适应时代的良好道德。

二、高校校园精神文化的载体

高校校园精神文化的载体有显性载体和隐性载体之分，显性载体指的是高校的校训、校徽、校风，隐性载体指的是高校的校史。这些载体通过文字、图像、声音和历史具化了高校精神文化，是实现高校精神文化和人之间连接的重要桥梁，在高校精神文化中发挥了重要的作用。

(一)校训

校训综合体现着一个大学的办学宗旨、办学特点和人文特性。它是对于大学特性的精华的文字概括，是学校精神的集中体现。大学的校训一般可以为高校师生所熟知，具有很高的辨识度，可以典型地体现学校的特征。一个大学的校训蕴含了校园文化建设的重要内容，体现了大学精神的核心与精髓，有着启迪师生思想，升华人格品质，引导优良学风，统领校园文化建设的重要作用。

校训可以作为学校教书育人的一种方式和手段而存在，它对于造就和培养人才有着不可估量的作用。它用一种无形的力量吸引、感染、塑造、鼓舞着全校师生，影响和规范着他们的言行举止，激励着他们养成一种自律习惯和奋发向上的精神，从而形成学校的历史传统，营造出独特的高校精神文化，并最终积淀成世代传承的大学精神。高校的校训是一所学校的精神财富，一个学校只有具有了自己的校训，才能形成独特的校园精神。

校训能铸造特立独行的高校精神文化，而独特的高校精神文化又能张扬学校的个性，优化人文环境和学术环境，涵养大学精神，从而有利于吸引优质生源和优秀人才，树立学校的良好形象。校训是可以代代相传、历久弥新的，每一代学校的师生都会对其作出新的诠释，从而为其增添新的含义，一代又一代下来，校训成了高校师生精神世界的一部分，激励着他们在工作、学习、生活上逐步克服一个个困难。

（二）校徽

大学的校徽是其设计者根据学校办学理念、办学特色以及在办学过程中沉淀和积累起来的人文精神，通过巧妙的构思和设计，将具有象征意义的图像、色彩和文字组合在一起，构成的具有深刻寓意的图形。大学校徽是文字、意象、寓意的结合体，在设计伊始就被赋予了丰富的文化内涵和精神底蕴，可以在一定程度上代表学校的精神和价值取向，象征大学的人文和科学精神，隐喻大学的文化内涵和精神底蕴。每个大学都有独特的校徽，也代表着大学不同的特色和理念。

论及大学校徽的象征功能，离不开意象的营造。意象的营造是为了使校徽形象地表达出某种象征寓意。这就决定了大学校徽意象要具备投射或者彰显这种象征寓意的功能，把意象作为抽象之物，承载大学的思想精神。

（三）校歌

校歌与校名、校徽、校服、校旗、学校建筑等校标是学校形象中最直观、最生动的构成要素，是构成学校品牌的重要方面，是学校无形的财富。一首脍炙人口的校歌不仅能够激励广大师生员工的爱校热情，唤起校友对母校的深情回忆，同时也是学校对外形象的一个亮丽窗口。其可以增强学校内部的凝聚力和向心力，可以形成良好的学校形象，能激励高校师生发扬学校优良传统，培养校友的自豪感、荣誉感。

音乐往往有不可思议的力量，音乐中的合唱艺术具有音色整齐、声部统一协调、情绪一致、表演默契的特点。校歌就是一种需要合唱的音乐，需要在演唱过程中互相配合、互相协作，动作整齐划一。这样能潜移默化地使学生养成与同学和睦相处的习惯，增强集体主义观念。校歌有利于培养学生勤奋学习的优良品质和高尚的道德情操。合唱艺术是集语言、音乐、演唱于一体的综合艺术，是声乐艺术中最有表现力、内涵最丰富的一种演唱形式。演唱校歌有利于学生性格情操的熏陶和心灵的净化，有利于学生形成积极进取、心系天下的健康人格。

（四）校史

校史就是学校的历史，记录着一个学校在创建和发展过程中经历的坎坷和辉煌。校史的内容可以分为人事史和制度史两方面内容，人事史记载学校的名人名事，制度史记载学校的制度沿革。总体来说，可以包括学校的历史沿革、办学理念、学校重大改革决策的实施情况等。其中还有为学校建设做出杰出贡献的学校领导和教师的事迹，历届学生在校时为学校赢得的荣誉，学生对社会做出的突出贡献，学校教学、科研、管理、服务的特色和学校的文化、传统、精神等。

对于高校师生进行校史教育可以增强学校师生对于学校的了解，激发学生对于学校的热爱之情和认同之感。首先，校史教育涉及的人物、事件生动具体，包括学校历届校友在人文科学、社会科学、自然科学、技术科学等方面取得的成就，学校历史和现今功勋卓著的教授、学者的先进事迹等，这些都与大学生学习生活的环境密切相关，使他们容易消除心理上的隔阂，产生心理共鸣。其次，大学校园是大学生生活的主要场所，校园、教职员工、教学、科研、课外活动等是大学生生活的文化载体，通过校史教育可以使学校师生了解学校各个方面的沿革，引导大学生具体了解学校的建设发展和辉煌成就，更好地激发大学生个体赞美学校、热爱学校的感情。校史教育的魅力就在于无形中熏陶和感染师生，影响师生的价值取向、人格塑造、思维方式、学术氛围、行为规范，有利于凝聚师生的向心力，打造学校品牌。

高校的生命核心是学校文化、学校精神，而对这些文化精神最有力量的诠释就是高校的历史。校史真实记录高校历史，使高校精神和高校传统得以代代不息、薪火相传。高校精神和高校传统是对一定时期高校全体师生员工在建设和发展学校过程中形成的群体意识和精神境界的总结、概括与升华，是高校在不同时期所追求的一种精神风貌，是高校办学理念、办学特色的集中反映，是高校弥足珍贵的财富。

三、高校校园精神文化的内容

高校精神文化是由大学理念、高校传统和学风和校风共同组成的有机整体。高校传统是高校精神产生、发展的基础，大学理念则指高校精神文化的精髓和指南，是对高校传统的提炼与升华。大学理念和高校传统都是通过学风和校风显示出来的。

（一）大学理念

大学理念回答的是关于高校办学最本质的问题，也就是如何创办大学，建设什么样的大学的问题。对它的回答涉及大学教育的职能、存在价值、终极目的等问题，是以教育价值观念为核心的对大学教育的基本认识和看法，是大学在办学过程中对教育的实践先导，是高校精神文化的灵魂。

现代大学教育起源于欧洲，是欧洲中世纪以来大学制度的延续和发展，它的发展过程经历了欧洲传统大学的兴盛时期、大学的黑暗时期，在宗教改革、文艺复兴、启蒙运动、工业革命和民族国家的影响下孕育而生。德国著名教育学家洪堡在创立柏林大学时，确立了彪炳世界高等教育史册的大学理念——大学自治、学术自由、教授治校、教学与科研相统一。正是这种大学理念的存在才使大学可以称为大学。大学除简单的教学任务外，还具有中小学不具有的品格，这种品格才是形成特有的大学理念的最重要因素，包括博大、精深、理想、价值、智慧等精深特质。我国大学教育没有继承中国千年以来的私学传统，没有得到传统教育“修齐治平”的宏伟理念，而是近代效法欧洲、日本的教育模式而形成的。我国最早的大学理念是五四时期时任北京大学校长的我国近代最著名的教育家蔡元培先生提出的。蔡元培先生主持北大的时期是北大历史上最为辉煌的时代，北大的大学理念也在这个时候形成。蔡元培先生认为大学应该是“囊括大典，包罗众家之学府，无论何种学派，苟其持之有故，言之成理者，兼容并包，听其自由发展”，倡导“循思想自由原则，取兼容并包主义”的大学理念。中华人民共和国成立之后，大学理念进一步地完善和充实，围绕“培养什么样的人，怎样培养人”的关键问题，形成符合大学教育客观规律的理念。

（二）高校传统

高校传统是大学对于大学建设长期过程中的经验和教训科学总结后形成的，是高校长期办学实践所形成的历史积淀物。高校精神文化产生、发展和成熟的各个阶段，都烙上了高校历史的鲜明印记。

高校传统在形成过程中大致可以分为三个阶段。

（1）第一阶段是高校传统的形成时期。当高校历史积累到一定阶段，高校传统从大学精神、大学理念中开始显露，然后经过学校人员总结后，被大学校长或者大学创始人提出。

（2）第二阶段是高校传统的发展时期。高校传统要想形成自成风格、独具特色的文化需要几代人的努力。在这一形成过程中，需要经过大学师生的不断实践、认识，对高校传统逐渐进行内心的认同和内化。

（3）第三阶段是高校传统的成熟时期。这是高校传统被提炼归纳、完善定型，并得到传播肯定的时期。这个过程是一个历史的过程。对于中国高校来说，它是中国传统学校文化和西方大学文化共同作用，我国一代代高校教育学者和高校师生共同努力的结晶。

（三）校风

校风是一个学校的精神状态的整体的外在体现，是在全校师生共同努力、在长期教育管理中逐步形成的相对稳定的精神状态和作风，是学校道德风尚、学习风尚、工作态度等的综合反映，体现在学校师生的日常言行和处事准则上。校风是高校校园精神文化的核心构成因素，是高校师生形成良好思想行为的土壤，也是校园文化赖以存在的支柱。

校风的形成和建设是一个长期而曲折的过程，但良好的校风一旦形成，就会在学校内形成一种巨大的教育力量和价值导向，时刻给高校师生以潜移默化的影响，使校园主体不断调整自己的世界观、人生观和价值观，自觉改变自己思想和行为中与校风不适的部分。校风也具有很大的管理力量，它从价值准则上规范着师生的行为和习惯，具有强大的约束力。这种无形的规范可以产生持久的凝聚作用，使校园主体为了共同的目标顾全大局，无形中做到步调一致。

每个学校都有不同的校风，校风可以作为一所学校的文化氛围区别于另一个学校的文化氛围的根本标识。每个高校具有不同的历史传统和发展理念，学校的教育性质和组织结构也会有差异，在办学思路、具体工作、文化环境等方面同样会有区别，这就导致了不同院校的主体在思维方式、行为方式上的差异，从而形成各具特色的校风。校风是可以在学校中一代代继承的，校风的培育和形成需要经历一个长期的过程。在这一过程中，伴随着学校的发展和社会历史环境的变化，学校的校风会在一代代学校师生中间经历改进、锻炼和提高，从而使校风可以随时代发展变化。

（四）学风

学风指的是高校学生在长期学习过程中形成的学习习惯、生活习惯、卫生习惯、行为习惯等方面的表现，是一个学校所有学生风格的总体体现，反映着学生集体在学习过程中表现出来的治学态度和方法。

学风建设是校园精神文化环境建设的重要举措，一个学校优良的学风有利于健康积极的精神文化氛围的塑造，可以提高大学生的精神品格，改善他们的行为习惯，提高他们学习的热情。学风是一个学校校风好坏的重要标志，通过观察学风可以深刻地了解高校学生的精神面貌，了解学生的综合素质状况，明晰学校的教育教学质量。学风建设是高等学校校园精神文化建设的一个重要组成部分，是保证和提高教育质量的重要条件。

第七章　高校文化育人的实践探索

第一节　各国“文化育德”融入的思想体现

很多国家都非常重视开展对人的思想的教育活动，尤其是西欧各国、美国、新加坡等。这些国家高度重视人的政治素质和道德素质的养成，积极发挥文化育人的作用，围绕如何提高人的素质广泛开展了多种政治社会化活动，积累了丰富的“文化育德”经验。

一、各国“文化育德”的具体实践

国外各个国家虽然都不使用“思想政治教育”概念，但是都会进行思想政治教育的实践活动。这种实践活动体现在政治教育、道德教育、公民教育、文化教育等方面，充分体现了思想政治教育与文化之间的密切联系。

（一）西欧国家的道德教育

西欧具有悠久的历史文化。近代以来，西欧成为世界资本主义经济、政治、文化的中心，其文化中包含的丰富的教育思想也引领着世界各国教育的发展潮流。古希腊罗马时期的城邦政治理论，中世纪的宗教神学理论，近代的天赋人权理论，现代的政治社会化理论和公民教育理论等，都具有丰富的思想政治教育思想和文化育德思想。可以说，不管是在哪一个时期，西欧国家都非常重视道德教育，都不遗余力地将统治阶级的政治思想和价值观念灌输给民众，进而维护资本主义的意识形态。综观这些教育思想，存在着两个显著的特点：一是等级思想严重，教育的目的都是为剥削阶级的统治做辩护；二是宗教色彩浓厚，渗透着众多的宗教内容。

1. 古希腊时期的道德教育

古希腊是西欧文明的发源地。在古希腊时期，西欧国家就已经形成了诸如好、善、美、正义等价值观念。这些基本的价值观念一直影响着西方的理论发展和科技进步，并无形地渗透进西方的生活方式和思维方式之中，成为西方社会基本的道德理念和价值标准。

在理论方面，古希腊时期的许多思想家都非常重视文化对教育的感染力，注重文化环境对教育的积极影响。柏拉图认为，音乐和文学的感染、行为习惯的培养、文化环境的熏染等都有利于教育的实施。他认为，音乐能够反映一个国家的兴衰，能够触及人的心灵深处；好的文学作品、好的故事也能够激发人们的思想情感，使人们变得积极、勇敢和坚韧；参加游戏、体育活动、军事训练以及算数、几何、数学等课程也有利于引导人们的思想，从而形成社会所需要的美德。因此，国家应该严格审查音乐、歌曲、文学作品等方面的内容，通过实施符合国家要求的音乐、文学教育，培养社会所需要的人才。亚里士多德也认为文化对教育具有重要的影响，强调体育、音乐、诗歌、文学等都是实施道德教育的重要方式和重要途径，对人们形成社会所要求的道德素质具有重要的作用。

在实践方面，古希腊的统治阶级非常注重对民众进行政治教育和道德教育。在斯巴达，统治阶级广泛开展了“战士教育”，将团结、服务、吃苦、牺牲等精神融入了公民社会的各个方面，以培养能够献身国家的合格公民。在培养合格战士过程中，他们强调严格的政治灌输，通过讲解国家的政治、法律、风俗习惯、行为规范等促使民众养成服从领导、忠于国家的政治品德。他们还注重借助诗歌艺术，将诗歌艺术变成灌输统治阶级主流思想的重要工具。在雅典，统治阶级广泛开展了“民主教育”，以唤醒民众的公民意识。他们倡导用动人的辞令去说服广大民众，影响民众的思想和行为，通过“自制”“善于抑制情绪”等品德和行为的教育，使广大民众消除反抗心理，甘当顺民。在这一时期，德育已经成为学校教育的一部分，甚至有的学校还专门开设了德育课程。

2. 古罗马到中世纪时期的道德教育

在古罗马时期，奴隶主贵族非常重视发挥思想政治教育的作用，广泛开展了关于忠臣和顺民的教育活动，培养了一大批忠臣和顺民，巩固其统治阶级的统治。他们努力通过家庭和父辈的教育，使青少年养成爱国、守法、恭顺、谦虚、认真等道德品质；通过学习十二铜表法使青少年从小就养成服从观念和顺应习惯；通过在学校中开展演说家、雄辩家教育，培养公民的演说和辩论技能来宣传统治阶级的思想；通过基督教教会，教育人们养成服从、忠诚、恪尽职责等美德。到中世纪之后，西欧各国的教会逐渐成为全社会的精神支柱，宗教教育也代替了思想政治教育，成为道德教育的主要手段和方式。各个学校都广泛开设了宗教教育课程，并集中于宗教道德的硬性灌输。在一些教会开办的学校，即使开展了一些文法、逻辑等方面的非宗教课程，也都渗透着宗教的思想，为宗教道德教育服务。广泛开展宗教教育，其“主要意义是塑造青年成为信仰坚定和态度恭顺的人，就是使他们相信教义、服从教会并忠于上帝、忠于人类”。

3. 近现代时期的道德教育

近代以来，西欧国家经过资产阶级的革命与改革，成为世界资本主义的经济、政治、文化的中心，其道德教育思想和活动也成为世界其他国家教育的榜样。法国在民众中，尤其是在军队和学生中广泛开展了共和主义精神的灌输教育，将共和主义精神传遍整个部队。在学校里，法国主要是通过渗透性的教育方式使广大学生认同和树立资本主义的政治价值和道德观念。例如，将考试作为招生的唯一途径，寄公平观念、竞争观念于考试之中；将王宫作为学校的地址，提醒学生誓死保卫国家；将学生安排在风清气正、清廉端正的家庭中居住，利用家庭的榜样来教育和熏染学生等。英国坚持进行宗教教育，强调在学校中进行宗教道德的灌输，以避免和减少社会秩序的混乱。

现代以来，西方资本主义国家逐渐进入垄断资本主义时期，各个国家为了维护其资本主义统治，与无产阶级进行斗争，同时更加注重意识形态工作，更加强调资本主义政治制度，重视公民美德、爱国主义等方面的教育。在制度教育方面，面对无产阶级运动的兴起，西欧各国资产阶级纷纷开展了资本主义制度"优越性"的教育，以巩固资产阶级的统治。法国调整了公民道德教育课程的内容，将法国资本主义制度的相关内容置于首要位置。德国采取了一系列措施，宣扬德国政治制度的"优越性"。英国也将政治制度和程序作为教育重点，增强人们对英国议会制度的认同感。在美德教育方面，西欧各国加强"社会责任""公民义务""公民意识"等方面的教育，以维护统治阶级的利益。这些美德包括合作、忠诚、诚实、容忍、服从、坚韧等。在爱国主义教育方面，西欧各国为适应战争需要，进行了大量为战争服务的教育工作，并利用各种文化载体传播爱国主义内容。例如，在第二次世界大战期间，英国为了进行战争鼓动，专门设立了"时事局"，并将当时流行的《战争》《时局》等书籍作为学习材料，在一定程度上激发了国人的斗志，鼓舞了士气。

4. 当代西欧各国的道德教育

当今时代，西欧各国普遍加强了公民的政治教育、道德教育和宗教教育。在教育内容上，更加注重资本主义的意识形态；在教育方式上，更多地采用间接的、渗透的方式进行。英国广泛开展了"公民教育"，注重对民众进行宗教、道德、政治等方面的教育，以达到为教会和国家服务的目的。英国非常重视学校在灌输宗教道德和政治思想中的作用，通过制订道德教育计划、编写教材、开展师资培训、开设政治课程等方式，增强人们的政治理念以及对英国政治制度的认同感。英国非常重视大众传播媒介的作用，政府会直接控制其主要传播媒介（如 BBC 等），并且将传播资本主义的意识形态作为首要任务，对民众进行资本主义意识形态的宣传教育。

法国在对民众进行爱国主义教育的过程中,非常注重发挥文化的重要作用,甚至在教育中带有强烈的文化中心主义情绪。法国的历史比较悠久,曾经创造出辉煌的文化。在实施爱国主义教育时,法国比较注重发挥法兰西民族优秀传统文化的作用,并突出强调各个历史时期的辉煌成就,进而增强法国人的民族自尊心和民族自豪感。此外,法国还非常注重利用玛利亚那、三色旗、马赛曲、国庆节等象征性的文化符号或节假日开展爱国主义教育。

德国非常重视政治灌输。第二次世界大战以后,德国的政治文化得到了彻底改造。德国通过设立官方政治养成教育机构、社会团体、公共机构,在学校开展专门的政治教育课并将教育内容渗透到其他各门课程当中,教育人们迅速养成社会所要求的价值观念、思想意识、道德素质。在短短30多年的时间里,德国逐渐形成了一种新的民主政治文化,原有的政治文化获得了彻底改造。

(二)美国的公民教育

美国非常重视对公民的教育,自觉地开展了以资产阶级政治思想为核心内容的公民教育活动,以提高美国人的公民意识,维护美国的资产阶级民主共和制。美国对公民进行教育的主要内容包括政治价值观教育、宗教教育、行为规范教育、施政纲领教育等。

1. 美国十分重视学校在灌输社会价值观中起到的作用

美国人十分强调政治价值观念的灌输,对人们的政治社会化教育从3~4岁就开始了,并一直持续到老。“美国给教育部门下达的重大任务就是把每一个人都变成说英语的美国人,在他们的主要价值观和政治态度方面浸透美国的政治文化。”美国在各类学校广泛开展了“品格教育”,通过设立道德课程,使用口号、誓言、准则等进行直接灌输,或者通过开展课外活动、升旗仪式等方式进行间接灌输,对人们进行道德品格的教育,培养美国人诚实、仁慈、自律、容忍等美德。美国大量的公立学校成为传播美国政治文化的主要途径,这些公立学校向美国青少年以及刚踏上新大陆的移民进行政治文化方面的教育,使美利坚精神进入他们的思想,融入他们的血液。美国的大学将专业教育分成两个层次:一个层次是要求学生掌握从事某种专业的基本知识和基本技能;另一个层次是教育学生养成与专业有关的价值观,学习相关专业的职业道德课程和伦理课程。

2. 美国十分重视文化环境的建设,重视发挥隐性教育的作用

在实施公民教育中,美国政府非常注重文化环境的作用,强调文化环境的整体性和一致性。文化环境对人们的教育和影响有显性的一面,也有隐性的一面。对

此,美国在各个学校花费了大量的经费和精力进行文化环境建设,致力于营造良好的文化环境氛围。例如,加强学校报刊、网络、广播等媒体的建设;加强绿化美化建设;在校外广泛设立纪念馆、博物馆、代表美国价值观的标志物等;广泛开展具有一定文化意义和价值观内涵的活动等。美国学校非常重视发挥"隐蔽课程"的作用,将政治教育的内容渗透到文学、历史、社会等课程之中,渗入到课外校外活动、教师职责之中,让公民在专业学习和日常生活中也能够接受政治文化的熏染。此外,美国大学还非常注重对学生的职业道德教育。

3. 美国十分重视发挥新闻媒体和社会舆论在公民教育中的作用

在第一次世界大战期间,美国就成立了专门的"新闻管制委员会",负责美国新闻的审查、宣传和鼓动工作。新闻媒体的宣传鼓动,为美国在"一战"中的胜利奠定了基础。另外,为推行"新政",美国还拍摄了许多反映社会状况的纪录片,如《破土的犁》(1936 年)、《大河》(1937 年)等,这些纪录片产生了强烈的宣传教育效果。

4. 美国十分重视文学作品对人们思想观念的影响和熏染

通过一系列时代性、思想性较强的作品来教育人、感染人、鼓舞人,寓公民教育于文学艺术作品当中,是美国公民教育的一个重要特点。其中,美国思想家富兰克林的著作《格言历书》《自传》等,对人们的思想观念产生了重要的影响,在一定程度上提高了人们的公民意识。教育家潘恩以其《常识》一书,教育和影响了一代人,焕发了人们极大的革命斗志。哈里特·斯托夫人的小说《汤姆叔叔的小屋》成为 19 世纪美国著名的宣传小说,在废除奴隶制的斗争中发挥了重要的宣传鼓动作用。

5. 美国十分重视广泛利用各种机会开展公民教育

在美国,各个组织都会利用一切场合和机会宣传美国的生活方式和价值观念。学校、家庭、社区、传媒、政党、宗教团体、科研单位等,都积极参与公民教育活动,并在宣传美国精神中发挥着重要的作用。美国十分重视公民教育的社会化机构和社会化网络建设,充分利用各种有形的物质设施和无形的文化符号对公民进行政治思想的传播和渗透。这些无形的文化符号具体体现在各种文化活动之中。比如,通过举办奥运会或者发射航天器等活动宣扬"美国精神";通过举行升旗仪式、节日庆典、各种文艺演出等加强爱国主义精神教育;通过开展总统竞选、州长竞选等活动,增强人们的民主意识、选举意识以及对政权的支持。此外,美国还投入大量资金用于公民教育的物质设施的建设,建设了大量的纪念馆、博物馆、展览馆、国家公园等,并免费向公众开放,为公民教育的有效实施提供了大量的教育场所。

(三)新加坡的精神文明建设

新加坡面积小、人口少,资源也比较缺乏。但就是这样一个国家,不仅取得了巨大的经济成就,而且其精神文明建设也举世瞩目。新加坡在1965年独立以后,其精神文明建设经历了由忽视到觉醒再到重视的过程。基于忽视精神文明建设给新加坡带来的问题和威胁,新加坡人更加认识到精神文明建设的重要性。

1. 新加坡充分认识到精神文明建设的重要性

新加坡为了改变自身的落后局面,狠抓经济建设,专心致志地进行现代化建设,使人们的物质生活水平大大提高。新加坡人错误地认为,只要经济一发展,任何问题都可以迎刃而解。就在这一时期,西方的价值观念和生活方式渗透到新加坡人的日常生活当中,与原有的道德观念发生了严重冲突。在西方强势的价值观念的冲击下,新加坡本有的道德和价值观念危如累卵,还面临着全盘西化的危险。西方腐朽的、颓废的文化影响着越来越多的新加坡人,并引发和增多了吸毒、色情等犯罪活动,各种物质主义、拜金主义、个人主义、利己主义的歪风渐长,直接影响到新加坡的工业化建设和人们的日常生活。新加坡人逐渐认识到,除要发展经济之外,还必须提高国民素质,培养人们的核心价值观念。在这种情况下,新加坡政府决定在建设现代化的同时,必须加强精神文明建设,创造新加坡式的精神文明。新加坡一方面学习了西方的先进技术;另一方面坚持了东方的价值观,并努力使物质文明建设与精神文明建设结合起来,使它们相辅相成、相互促进。

2. 新加坡十分重视发挥政府的作用,并注重社会各个方面的参与度

新加坡政府非常注重国家全面干预的作用,强调由政府部门进行统一指导。新加坡的精神文明建设是自上而下地推行的,对精神文明建设的重视、各项具体教育措施的制定、共同价值观的推行、全面道德教育的实施,都离不开政府领导人、国会以及政府相关部门的领导和推动。同时,新加坡也非常重视发挥社会各个方面在精神文明建设中的作用,注重动员和协调各个方面的力量,由政府来协调家庭、学校、社区、媒体等社会多种力量,使其相互配合、共造声势,营造良好的环境氛围。

3. 新加坡确立了“东方价值观”

为了抵御西方腐朽价值观念的侵蚀,新加坡开始全面加强道德教育,自上而下地开展了全国性的“文化再生运动”,加强对儒家传统文化的传承与借鉴,建立了特有的东方的文化价值观。“儒家思想中的忠、孝、仁、爱、礼、义、廉、耻被赋予了时代化和新加坡的具体阐释,成为新加坡人共同追求的思想道德品质。”新加坡将东

方价值观提升到国家意识的层面,将"国家至上,社会为先;家庭为根,社会为本;关怀扶持,同舟共济;求同存异,协商共识;种族和谐,宗教宽容"作为全社会共同的价值观,并在学校、企业、家庭等场所进行广泛宣传。新加坡政府还专门成立了"国家意识委员会",负责国民意识教育工作;成立了"新闻与艺术部",负责全国的文化和宣传工作,制订国家意识宣传计划,从而促进新加坡的精神文明建设。

4. 新加坡注重培养人们的"新加坡人"的意识

新加坡是一个典型的移民国家,国民中70%以上是华人,还有马来人、印度人、斯里兰卡人、巴基斯坦人等。在这个移民社会,很多人不可避免地会产生一些移民心态,以至于很难对新加坡产生认同感和归属感。再加上新加坡民族众多,也很容易产生民族冲突、文化冲突甚至是种族冲突。在这种情况下,新加坡政府和国家领导人认识到了国家意识教育的重要性。新加坡政府采取了一系列措施加强对人们的国家意识的培养,尤其是加强对人们的"新加坡人"意识的培养,提出了"一个民族、一个国家、一个新加坡"的口号,以增强人们对新加坡的认同感和归属感,增强社会的凝聚力和向心力。新加坡政府鼓励人们学习新加坡的语言和文化传统,注重在语言学习和传统文化熏陶中增强国家意识和社会责任。在这种"新加坡人"的国家意识的教育下,人们基本上都能够做到宽容相待、和睦共处,做到为新加坡的经济发展和社会进步而团结奋斗,同时也在一定程度上减少了西方腐朽文化对新加坡人的影响。

5. 新加坡政府非常重视精神文明建设的法制化

新加坡政府非常重视制度的作用,通过立法、制定社会政策等方式,规范人们的日常行为,推进精神文明建设,促进人们行为的规范有序。新加坡对"国家意识教育"的组织实施进行立法,使其法制化,将大量的精神文明建设内容纳入法治化轨道。对随地吐痰、乱扔废弃物、乱涂乱画、随便攀摘花木、公共场所吸烟、乱丢口香糖等都进行了严格规范。对扶助弱者、见义勇为、助人为乐等行为,则通过制定强有力的社会政策进行鼓励,引导人们积极"向上、向善、向美",营造浓厚的文明氛围。

二、各国"文化育德"的主要特点和基本经验

西欧国家、美国、新加坡等,围绕提高人们的思想政治素质和道德文化素质,开展了丰富多彩、多种多样的教育实践活动,其中也有许多相似之处。

(一)高度重视公民的思想政治教育

西方国家自古以来都非常强调教育的重要性,并认为教育与国家的政治统治

是密不可分的。对公民进行教育的主要内容是统治阶级的政治思想,教育的根本目的是培养符合统治阶级要求的"合格公民",维护统治阶级的政治秩序。早在古希腊罗马时期,柏拉图在《理想国》中就阐述了教育的问题,他明确地提出,教育不仅仅是为了传授知识、娱乐大众,更重要的是为了提高人们的道德、陶冶人们的情操、重塑人们的性格,将人们培养成符合社会(统治阶级)要求的公民和军人,成为具有"善的理念"的哲学家,进而建立起一个理想的国家。因此,教育与政治存在着密切的联系,一切的教育都可以称为政治教育。

西方的教育活动无论以什么样的形态出现,无论叫什么名字,其教育的内容都摆脱不了统治阶级的意识形态。对人们实施公民教育,就是以政治社会化的形式使人们形成社会所要求的政治思想和政治意识。自古以来,没有任何一个国家出现例外。以美国为例,美国人非常重视教育,强调教育是改变世界的根本途径。美国人认为,只有通过教育将美国文化传递给世界,才能实现美国经济的迅速发展,才能推动社会的民主和进步,才能使美国的政治制度和民主自由有一个美好的未来。可见,西方国家都非常重视对人们进行思想政治方面的教育。

(二)教育的主要任务在于传播主流政治文化

西方国家实施的各种教育都具有明确的目的和任务。西方教育的主要任务就是传播社会主流政治文化,传播统治阶级的意识形态,并对与主流意识形态大相径庭或截然相反的思想进行"残酷的斗争"和"严厉的打击"。在西方资本主义社会,各种教育活动自始至终都贯穿着自由、民主、平等、博爱、人权等资本主义的核心价值观,并注重将这些资本主义的核心价值观渗透到学校教育的各门课程、各项文化学术活动之中,融入经济、政治、文化等社会的各项领域的建设之中,以此来保证西方国家的资本主义的根本性质。

就美国而言,美国一直在倡导"自由""民主",并号称是世界上最"自由"、最"民主"的国家。但是,美国政府仍然强调"美国精神",倡导在一个多元的社会中建立起共同的文化,而这个共同文化的主体内容和主要精神就是资本主义的核心价值观。他们所倡导的"自由""民主",也是带有浓厚的美国风格的、资本主义味道的"自由"和"民主"。可以说,美国自独立以来,就非常重视对美国主流政治文化的宣传和教育,并不遗余力地与其他文化进行斗争。无论是在独立战争时期对英国封建思想的抨击,还是在南北战争时期对南方奴隶制思想的打击,甚至是在冷战时期与社会主义先进思想的斗争,都反映了美国无时无刻不在维护着资本主义的主流政治思想,维护着现有的资本主义政治经济秩序。

（三）强调加强民族精神教育

世界各国的民族精神都以爱国主义为核心内容，并已经熔铸到了国家的政治、经济、文化、社会生活的各个方面，熔铸进了人们的思想情感和日常行为之中，成为人们的思想和行为的基础和灵魂。

美国非常重视民族精神的培育。“美国精神”已经成为美国人的一种社会信仰，成为美国社会的一种凝聚力和精神动力。美国精神主要体现了“爱国的民族精神；乐于进取、勇于创新的民族精神；崇尚个人奋斗的民族精神”。美国精神已经成为美国人的骄傲，成为美国人行动的指南，在经济社会发展中发挥着巨大的作用。

新加坡也十分重视对新加坡人进行爱国主义教育。爱国主义教育在新加坡通常被称为“国家意识”教育，爱国主义教育充分体现在国家意识的教育和培养过程中。新加坡自建国之初，就“一直重视对本国公民国家意识的培养”，并将“国家至上，社会为先”作为社会共同价值观的第一条。新加坡对国民进行国家意识教育，“采取的是一种从儿童抓起的循序渐进的方式”，并实行国民服役制度和政策，努力“使每一个新加坡男性公民都能献身于国防、献身于国家利益，从而培养和塑造出与国家共命运的国家意识”。在这种强烈的国家意识教育中，新加坡人的民族精神得到不断增强。

（四）注重教育内容的继承性和现实性

各个国家在对民众进行公民教育、政治教育、道德教育的过程中，在教育内容和教育方式方面都有共同性。这些教育的内容体现了继承性和现实性两个方面的特点。

所谓教育内容的继承性，是指对人们进行教育的主要内容来源于本国或本地域的历史文化传统，是对历史的一种批判的继承。各个国家的政治教育都在不同程度上表现出了继承性的特点。比如，美国对公民进行资本主义意识形态的教育，倡导以个人利益为核心的自由主义，这种自由主义教育就来源于古希腊罗马时期的思想，尤其是来源于早期的资产阶级启蒙思想。新加坡的“国家意识”教育，来源于中国古代的儒家文化和传统的东方文化思想。当然，需要注意的是，各个国家对历史文化的继承，并不是照抄照搬，而是建立在现实生活的基础之上，是对历史文化批判的继承。

所谓教育内容的现实性，是指对人们实施教育的内容，应符合现实的发展阶段和发展特点，能够为社会现实服务，能够为一定的社会目标或政治目标服务。在实施教育的过程中，世界各个国家都非常重视与其社会发展和自身情况相结合，体现出了强烈的现实性特点,各国在教育的内容方面也表现出了一些共同特点。例如,各个国家都在不同程度上对人们进行了社会制度、政治制度、民主法治、国家政策等方面的教育,也对人们进行了爱国主义精神、社会道德、职业道德、家庭道德等道德品质方面的教育。

(五)注重教育方法的综合性和渗透性

西方各个国家在对人们进行思想政治教育的时候,都普遍注重教育方法,注重将各种教育方法综合起来使用。在西方,各个国家也非常强调理论的灌输,主张采用正面的、直接的、正规的灌输方法,即将社会所要求的政治思想、道德价值以口号、誓言、信条、准则等形式,通过外部的强大力量灌输给民众,从而使民众形成社会所要求的道德品质和价值观念,比如以理服人、典型示范、言传身教等。可以说,直接教育是西方社会非常强调和普遍采用的,但这种教育方式容易给人以强迫的感觉,进而导致人们产生逆反心理。因此,西方社会更加注重运用间接的教育方式,采用潜在的、综合的、广义的教育方法,即通过提出问题、开展活动等方式进行启发诱导、熏陶感染。

西方各国将思想价值观念渗透到政治教育、道德教育和文化活动中,体现在政治学、社会学、心理学、伦理学、教育学等学科之中,通过这些学科,对思想政治教育的内容、方法、效果等进行或综合或细化的研究,进而提高思想政治教育的实效性。西方国家成立了各种心理机构,如美国的“泄气服务中心”、加拿大的“安慰中心”等,以缓解人们的压力和不满情绪。西方各国还注重通过音乐、绘画、舞蹈、体育活动以及工作实践等间接的、综合的、渗透的方式对人们进行教育,注重发挥优秀文学作品中的典型和名人故事的教育作用。这种间接教育方式具有极大的自然性和隐蔽性,能够使人们在潜移默化中形成社会所要求的思想道德和价值观念。

(六)注重发挥文化的载体作用

在西欧、美国等一些西方国家,虽然没有将思想政治教育作为一门专门的学科,没有专门设立思想政治教育的课程,也没有专门的机构管理和推进思想政治教育工作,但是思想政治教育的核心内容和功能作用却一点也不少。西方国家的思想政治教育作为一种“隐性”的存在,主要体现在一般的教育论述当中,体现在公民教育、政治教育、道德教育等各项活动之中,体现在日常的社会生活之中。

西方国家非常注重发挥文化载体在传播政治思想中的作用。他们将意识形态的内容寓于社会生活的方方面面,体现在社会舆论、宗教活动、社会管理、日常交往、公共设施等见得到、摸得着的一切事物和一切活动之中,渗透在学校教育的各门学科、各项活动之中，使人们在任何时候都能够不知不觉地接受一定的政治意识形态的熏染。可见，注重发挥各种文化载体的作用，注重教育渗透，让人们在无形中接受社会所要求的政治思想，是西方思想政治教育的主要策略之一。

第二节　中国传统文化的“教化”融入的思想体现

思想政治教育是中国共产党在实践中总结形成的一门现代学科，但同时也是一个古老的话题。在中国古代，虽然没有思想政治教育的称谓，但很早就有思想政治教育的实践。在夏商周时期，我国就已经有了进行教育的场所“校”“序”“庠”。在古代，我们的先人们将教育更多地称为“教化”，即将统治阶级的主流思想转化为社会的思想，成为广大民众的思想。在不同的历史环境、教育对象、主要任务下，思想政治教育或“教化”呈现出不同的特点。

一、中国传统文化的基本内容

所谓传统文化，是相对于现代文化来说的，是人类在长期的历史发展过程中积累并传承下来的历史文化。我们所说的中国传统文化，是指在我国五千多年的历史发展过程中形成并流传下来的，对现代文化仍具有一定影响的中国古代文化。它广泛存在于社会的思想观念、伦理道德、行为规范、风俗习惯等之中。

（一）整体主义教育

整体主义思想是我国在漫长的历史发展过程中逐渐形成的。它的产生是经济的、政治的、环境的、地理的、人文的等多个要素共同作用的结果，有其必然性和客观性。在农耕社会，人们习惯于将自己置于一个群体的环境中，使个人成为社会群体中的一员，并在大部分情况下都是通过主动调节自身来适应外部环境，共同应对自然、抵御风险。人的价值也只有在集体中才能得到充分的体现和完全的实现。

久而久之，人们就形成了这样一种思想习惯，即人们将社会看作一个整体，个人总是要存在和生活于这个社会整体之中，是社会整体的一部分。当社会整体的利益受到损害时，个人的利益也就很难得到保障。因此，在个体利益与整体利益的关系上，中国人始终坚持以整体利益为先，更加注重对整体利益的维护，并注重个人与集体、个人与个人之间的和谐统一，使个人利益无条件地服从和服务于整体利益。中国传统文化中的“天下兴亡，匹夫有责”“先天下之忧而忧，后天下之乐而乐”“先义后利”“舍生取义”等思想都是整体主义的集中体现。因此，群体观念和整体主义思想在中国传统文化中根深蒂固，并且个人利益服从整体利益是我们的一贯传统。

(二)爱国主义教育和民族精神教育

在中华民族漫长的历史发展过程中,中华民族逐渐形成了“团结统一、爱好和平、勤劳勇敢、自强不息”的爱国主义精神。中华民族的这种伟大精神是中国各族人民共同凝聚、团结奋斗的重要法宝,也是中国文化的精华所在。

1.“天下兴亡,匹夫有责”的爱国精神

中国传统文化中蕴含着丰富的爱国精神,“天下兴亡,匹夫有责”是其中的重要内容。这些精神是我们开展爱国主义教育的重要文化资源,发挥着重要的教育作用。“天下兴亡,匹夫有责”的爱国主义精神的培养,有助于人们正确地处理个人与集体、民族、国家之间的关系,培养人们对集体、对民族、对国家的奉献精神和责任意识,增强人们的民族自尊心、自信心和自豪感。

中华民族形成的爱国主义传统所包含的内容十分广泛。中国传统文化中有很多关于这方面的论述。比如:《诗经》中“夙夜在公”的道德要求;《礼记》中“天下为公”的大同理想;《孟子》中的“其自任以天下为重”;范仲淹的“先天下之忧而忧,后天下之乐而乐”;文天祥的“人生自古谁无死,留取丹心照汗青”,等等。这些诗句和论述无不体现出人们强烈的爱国主义精神。此外,还包括中华民族实现祖国统一,反对分裂的强烈愿望;强大的民族自尊心、自信心和进取心;艰苦奋斗、甘于奉献的奉献精神;甘于为国家、民族、集体牺牲的伟大精神,等等。

2.“刚健有为、自强不息”的民族精神

除“天下兴亡,匹夫有责”外,我们的民族精神还包括广泛的内容,突出地表现为“刚健有为、自强不息”的伟大民族精神。它是中华民族生生不息、绵延不绝的动力,它激励着一代又一代的中国人,使人们积极进取、奋发向上、永不停滞,使中华民族在历经千百磨难之后仍然能够不断繁衍生息、百折不挠、日益壮大,仍然屹立于世界民族之林,屹立于世界的东方。关于“刚健有为、自强不息”的民族精神,在中国传统文化中有很多的论述。比如:《易经》中的“天行健,君子以自强不息”“地势坤,君子以厚德载物”;孔子的“发愤忘食,乐以忘忧,不知老之将至云尔”;曾子的“士不可以不弘毅,任重而道远”;《大学》中的“苟日新,日日新,又日新”;还有孔子著《春秋》、屈原赋《离骚》、孙子修《兵法》等经典故事。这些都是中华民族“刚健有为、自强不息”精神的集中体现和生动写照。

(三)理想人格和精神境界教育

在中国传统社会,人们将追求完美无瑕的理想人格和至诚至善的精神境界作

为人格修养的重要目标。对人们进行理想人格的培育和精神境界的提升,始终是中国传统文化的重要元素。这种理想人格和精神境界在锤炼人的品性、塑造人的精神、维护社会道德中发挥着重要的作用。

中华民族的理想人格,可以集中概括为真、善、美的统一,也就是天人合一、知行合一、情理合一的统一。孟子所说的"恻隐之心、羞恶之心、辞让之心、是非之心""四端"是人天生带来的,将其转化为社会所要求的道德规范就需要人们亲自进行道德实践,以形成理想的人格和崇高的精神境界为目标和归宿。老子说的"天之道,利而不害;圣人之道,为而不争"。孔子说的"不义而富且贵,于我如浮云""三军可夺帅也,匹夫不可夺志也"。孟子说的"生,亦我所欲也,义,亦我所欲也;二者不可得兼,舍生而取义者也"。这些论述都反映了古人对崇高的人格理想和精神境界的追求。他们将个人的全面自由发展放在生命的首位,促使人们从世俗功利中解放出来,从而达到完美的人生境界。

至诚至善至美是人生最高的精神境界,是传统中国人努力追求的崇高精神。对"至诚至善至美"的精神境界,《中庸》中有所阐释。"诚者,天之道也;诚之者,人之道也。诚者,不勉而中,不思而得,从容中道,圣人也。诚之者,择善而固执之者也。博学之,审问之,慎思之,明辨之,笃行之。"所谓"至善",是指"顺乎亲有道:反诸身不诚,不顺乎亲矣。诚身有道:不明乎善,不诚乎身矣"。可见,至诚至善至美是古代贤人君子追求的人生的最高理想境界。同样,至诚至善至美作为一种美好的品行,在现代社会中也发挥着重要的作用。

教育人们形成理想人格和精神境界是一个艰苦的磨炼过程。因此,儒家思想倡导将这一努力过程进一步审美化,倡导以苦为乐、自强不息。孔子十分注重"刚健奋进""发愤忘食"的奋斗精神,认为"知者不惑,仁者不忧,勇者不惧"。他在与弟子颜回的一次对话中说:"一箪食,一瓢饮,在陋巷。人不堪其忧,回也不改其乐。贤哉！回也。"孟子也强调,为了实现目标应做出艰苦的努力,应积极向上、不断进取。他把贫贱和忧患看作是磨炼自身意志、完善人格理想、提升精神境界的重要条件。

(四)积极进取、乐观向上的人生教育

中国传统文化主要以乐观主义哲学为基础,提倡人们要有乐观主义的人生态度和自主精神,这有利于人们树立积极、健康、向上的生活方式和人生态度。中国传统文化,尤其是儒家文化,主张人们应从内心的自我完善出发,积极关注社会现实和人生,完善自我、超越自我。这些核心思想处处体现着积极进取的奋斗精神和乐观主义的人生态度。中国传统文化中有许多表达乐观向上的人生态度的论述。

比如,孔子的“为仁由己,而由人乎哉”“我欲仁,斯仁至矣”。孟子提出的“存心”“养气”之说,“反身而诚”和“尽心、尽性”的要求等,这些论述充分体现了中国人民在困难和挫折面前不畏艰险、积极进取、克服困难、有所作为、取得胜利的精神风貌。

人生的崇高理想和积极进取的精神往往是在极端困难的境遇中培养的,也只有在这样的环境下,这一精神才能得到充分的体现。中国传统文化教育人们正确面对自己所面临的各种境遇,将各种困难的境遇视为理所当然,并鼓励人们应树立坚强意志,焕发蓬勃朝气,乐观做人、主动做事,迎接人生的各种挑战,进而实现人生的理想和抱负。无论在革命战争时期还是在和平建设时期,加强这种乐观主义的人生观教育,都有利于人们克服生活中的各种惰性、僵化、消沉等不良状态,培养和弘扬人们的积极健康的自主精神和竞争意识,激发起人们建设中国特色社会主义的斗志,战胜各种艰难险阻,克服在革命、建设和改革过程中出现的各种困难。

(五)仁爱忠恕的思想教育

“仁爱忠恕”是儒家思想的一个显著特点,也是中国传统文化中的一个重要思想。它影响着一代又一代的中国仁人志士,成为中国传统文化中的一个重要元素。所谓“仁爱”,是指一种爱人之心,是“博施于民而能济众”,也就是孟子常常说的“仁者,爱人”。他倡导人们之间相互关心、相互爱护、相互帮助。“仁”是儒家道德伦理思想的核心,也是解决人与人、人与社会、人与自然之间关系的一个重要法则和根本途径。所谓“忠恕”,也就是孔子所说的“己欲立而立人,己欲达而达人”,“己所不欲,勿施于人”。孔子认为,做到“仁爱忠恕”,就是坚持以善为本,通过培养人们的善良道德来调整人、社会、自然之间的关系。这在理论上是行得通的,在实践上也是可行的。

“仁爱忠恕”思想在中国传统文化中有很多的体现。比如:孔子说的“君子笃于亲,则民兴于仁”“人而不仁,如礼何?人而不仁,如乐何?”孟子讲的“老吾老,以及人之老;幼吾幼,以及人之幼”“爱人者,人恒爱之;敬人者,人恒敬之”。这些“仁政”“德治”思想,在中国两千多年的历史发展中发挥了重要的作用,并成为人们根深蒂固的思想。这些思想在当代中国坚持依法治国与以德治国相结合,建设社会主义精神文明的过程中仍然具有重要的作用。

(六)重义轻利的思想教育

关于义与利之间的关系,是中国传统文化中的一个重要问题。对这两者之间的关系,不同的人提出了不同的看法,但不外乎三种:一是重义轻利;二是义利并重；三是重利轻义。其中，重义轻利思想是中国传统文化的主导思想，在历史文化的发展中占据着重要的地位，发挥着重要的作用，也是我们历来需要倡导的思想，这一思想至今仍具有重要的价值和意义。

儒家文化历来重视人的精神境界的提升，倡导重义轻利，认为人的精神需要重于人的物质需要。这一思想充分地体现在儒家思想中的人生理想、人生态度和人生修养中。孔子说："志士仁人，无求生以害仁，有杀身以成仁。""见利思义，见危授命，久要不忘平生之言，亦可以为成人矣。"孟子说："居天下之广居，立天下之正位，行天下之大道；得志，与民由之；不得志，独行其道。"这些论述都反映了儒家思想对人的精神境界的重视。

当然，重义轻利并不代表忽略利的存在，儒家思想也主张个人应有合理的欲望和物质利益。孔子说："富与贵，是人之所欲也；不以其道得之，不处也。贫与贱，是人之所恶也；不以其道得之，不去也。"孟子说："欲贵者，人之同心也。"荀子说："人生而有欲，欲而不得，则不能无求；求而无度量分界，则不能不争；争则乱，乱则穷。"这些思想都反映了人们的合理欲望，并且要求社会尽量满足人们的这些合理欲望。但是，这些欲望和利益的满足是有一定限度的，人们不能不顾仁义道德而片面追求自我的富贵利禄。当义和利发生矛盾和冲突时，应该把义放在第一位，做到"见利思义"，以礼制欲，以道制欲，甚至"舍生取义"。

中国传统文化中的这种重义轻利思想，有利于抵制和克服当今社会出现的过度世俗化和物欲化的倾向，对塑造中华民族的理想人格、提升中华民族的精神境界、建设中华文明具有重要的作用，对发展社会主义市场经济、建设社会主义精神文明具有重要的作用，对建设中国特色社会主义、实现中华民族伟大复兴具有重要的意义。

二、中国传统文化的基本特点

中国传统文化中不仅含有丰富的教育内容，而且也包含着一定的教育原则和多种多样的教育方法。中国传统社会中的"教化"思想和"教化"活动呈现出多个方面的特点。

（一）强调道德教育的重要性和至上性

中国传统文化一直强调道德教育的重要性。夏商周时期出现的教育场所"校""序""庠"，就已经具备道德教育的内容和功能。正如孟子所说："庠者，养也。校者，教也。序者，射也。夏曰校，殷曰序，周曰庠；学则三代共之，皆所以明人伦也。"中国传统社会中的历代思想家，尤其是儒家的思想家，都始终强调道德教化的重要性,并由此展开了一系列论述。

中国古代一直将道德教育放在重要位置。《周易》中说:“夫易,圣人所以崇德而广业也”“利用安身,以崇德也”。《大学》中说:“大学之道,在明明德,在亲民,在止于至善。”这些思想都将培养人们的美好品德作为教育的重要目标。

孔子提出,教育的根本目的在于“为仁”,“民之于仁也,甚于水火”。也就是说,实施教育是为了让人们学会怎样做人,怎样做一个道德高尚、懂得礼仪的人。正所谓“性相近也,习相远也”。可见,教育在培养人们的思想道德方面发挥着重要的作用。孔子认为:“道之以政,齐之以刑,民免而无耻;道之以德,齐之以礼,有耻且格。”“为政以德,譬如北辰,居其所而众星共之。”此外,还有“主忠信,徒义,崇德也”“以直报怨,以德报德”。

“骥不称其力,称其德也。”“君子之德,风;小人之德,草;草上之风,必偃。”孟子也强调了德教对稳定统治的意义,认为:“以力服人者,非心服也,力不赡也;以德服人者,中心悦而诚服也,如七十子之服孔子也。”西汉时期,董仲舒非常重视教育的作用,将仁、义、礼、乐看作是治国的工具。董仲舒认为,教育在推动人性为善中发挥着重要的作用,离开对民众的教化,“人性善”就会脱离现实,变成一种空想。东汉思想家王充也强调教育和环境对人的性格形成的作用,认为教育可以使人变得性善。宋明理学的朱熹也认为,教育是使人的德行实现自觉的根本途径。

近代以来,大部分思想家也十分重视教育尤其是德育的重要作用,并将德育提升到挽救国家危亡、立志救国救民的民族高度。严复、康有为、梁启超等思想家都高度重视教育的作用,强调德育是教育的根本。挽救中国,最根本的办法就是对广大民众进行文化教育,并将重点放在德育上,教育广大民众把自己与国家和民族的命运联系在一起。

从中国古代和近现代思想家的这些论述中可以看到,道德教育一直是历代统治者和思想家所强调的。任何教育,不外乎两种,一种是道德教育,另一种是知识教育。在任何情况下,道德教育都应居于首要地位,其目的是为了培养适应统治阶级需要的人才,从而进一步维护统治阶级的地位。因此,中国传统文化中的“德育”思想,具有深刻的阶级性和历史局限性,但是,它对于中国的现代德育来说仍然具有一定的借鉴意义,对坚持道德首位,培养德才兼备的社会主义建设人才,维护社会主义的政治秩序等都具有重要的现实意义。

(二)注重加强道德修养

中国传统文化是一种伦理型文化,十分强调道德伦理,注重个人的道德修养。《大学》中提出,修身是齐家、治国、平天下的根本,是实现治国平天下的基础。因此，一切应从修身养性开始。孔子提出的“仁”思想，孟子提出的重义轻利、仁者爱人、天人合一思想，墨家的“兼爱”思想，道家的“无为”“无欲”“不争”思想，以及“忠”“孝”“礼”“义”“廉”“耻”等思想都是道德修养的重要组成，都体现了道德修养的重要性。

1. 肯定主体自觉，树立主体自信，尊重人格价值

中国传统文化在加强人们的道德修养过程中，十分注重肯定主体自觉，树立主体自信，尊重人格的价值。在具体的道德修养过程中，儒家的“心斋”“坐忘”，佛家的“顿悟”等，都强调道德修养是一个由内到外的过程，是一个“反求诸己”的过程。要达到理想的道德境界，主要依赖于个人内心的自觉和顿悟，而不在于外部。也就是说，个人只有加强自我道德的修养，才能修炼良好的道德。这一自我修养过程，给人们达到理想的道德境界提供了可能和希望，因而也坚定了人们能够成圣成贤的信心，激发了人们的自觉能动性。孟子的“人皆可以为尧舜”，荀子的“途之人皆可以为禹”，都反映了中国传统文化中“肯定主体自觉、树立主体自信”的特点。道德修养除肯定主体的道德自觉性，树立主体的道德自信心外，还尊重主体本身的人格价值。孔子的“天地之行人为贵”，荀子的“人，最为天下贵”等，都反映了对人的重视以及对人格价值的尊重。人是天地间最为宝贵的生命，可以“赞天地之化育”。因此，任何的道德修养都应尊重人格尊严、注重人格完善，从而实现人生价值。

2. 注重道德践履，强调困境磨炼

个人有一定的道德修为，具有一定的道德素质。但仅仅有一定的道德修养和精神境界是不够的，还要将这些道德修养、道德伦理和道德意识转化为实际的行动，切实做到身体力行，在实践中践履这些道德。

中国传统文化十分注重道德践履，强调人们努力做到知行合一。关于这一方面的论述有很多。比如，《论语》中说：“君子耻其言而过其行。”荀子说：“道虽迩，不行不至；事虽小，不为不成”“君子之学也，入乎耳，箸乎心，布乎四体，形乎动静”。明代思想家王阳明也强调了道德实践的重要性，他说：“真知即所以为行，不行不足谓之知。”他认为“知行”要“合一”，并且要将“力行”“躬行”作为道德修养的重心。

在实践中提高道德修养，不仅应亲身去实践，而且应善于在困境中磨炼自己、锤炼自己。中国传统文化一直坚持这样的一种观念，和平温暖的环境不易体现、修炼和检验人的道德品质，艰苦困难的环境才能更好地修炼人们的道德精神，锤炼人们的品格素质，检验人们的道德水平。因此，必须在艰苦的实践环境中加强道德践

履,才能锻炼才干、磨炼意志。正如孟子说的:“故天将降大任于斯人也,必先苦其心志,劳其筋骨,饿其体肤,空乏其身,行拂乱其所为,所以动心忍性,曾益其所不能。”

3. 重视修养程序,讲究操作方法

中国传统文化中的道德修养在长期的实践过程中,形成了完善的修养程序和一整套的操作方法,比如立志、存养、克治、力行等。其中,最关键的程序和方法包括三个方面,即慎独、自省、改过。“慎独”,是指当人们独自居处,别人看不见、听不到的时候,也需注意自己的内心和言行,时刻注意检点自己,防止不道德的思想或行为发生。正如《中庸》中说:“君子慎其独”“戒慎乎其所不睹,恐惧乎其所不闻”。慎独是中国传统文化中的一个十分重要的道德修养方法,它体现了严格的自律精神。“自省”,是要求人们时刻进行自我反省、自我省察。也就是说,人们经常地反思自身的思想和行为,辨明其中的善恶是非,反省过错、检讨品行,善于通过自我批评及时改正自己的错误,这样才能达到“见贤思齐”的崇高境界。“自省”是中国传统文化中的一个重要的道德修养方法,它体现了可贵的自我批评精神。孔子说的“内自省”“见贤思齐焉,见不贤而内自省也”。曾参说的“吾日三省吾身:为人谋而不忠乎?与朋友交而不信乎?传不习乎?”这些都是“自省”思想的充分体现。

“改过”,是指当一个人有了错误和过失时,就应努力改正,做到有错必改,知过必改。乐于改过、善于改过,是中国传统文化中重要的道德修养方法,体现了中华民族的传统美德。《周易》中的“见善则迁,有过则改”;《尚书》中的“改过不吝”;《左传》中的“过而能改,善莫大焉”;《论语》中的“过而不改,是谓过矣”,都是“改过”思想的重要体现。

(三)强调情感欲望与理性精神的统一

情感与理性之间的关系,始终是中国人关注的一个问题。在很久以前,中国文化中就有关于“理欲之辩”的记载。中国传统文化并没有抹杀人们对感情的需要和欲望的满足,但是,这种情感和欲望的满足是要有一定限度的,应该与倡导理性精神结合起来的。儒家的仁义礼智信等道德规范,以及对“以道制欲”的强调,都反映了中国传统文化对理性精神的追求。同时,人也有一定的情感需要,这种情感和欲望是合理的。但这种情感和欲望必须符合社会伦理的要求,做到“发乎情,止乎礼义”。关于理欲关系的重要论述,主要有:孔子的“思无邪”,老子的“辅万物之自然,而不敢为”,庄子的“不以物挫志”“明于权者不以物害己”等。他们从不同的角度承认人们的情感欲望是正当的、合理的,但同时都强调这种欲望和需要都有一定的限度,都必须保证人们的思想纯正、心灵美好,反对人们过度放纵物欲而玷污了人性。

在理欲关系上,王夫之是集大成者。他认为“天理寓于人欲”。任何人、任何社会都存在一定的欲望。经济社会的发展进步都源于人们的一定欲望的推动,当然,这种欲望是合理的、共同的,而不是无限的、单独的。因此,满足人们的这种共同欲望,应当遵循“天理”,这样才可以“善天下之动”。这些思想对深刻认识教育与法律、道德与利益、情感与理性之间的关系,采用正确的方式强化自身的道德修养都具有重要的意义。

人们的情感欲望是天生具有的,而理性精神却需要后天习得。中国传统文化一直重视人们的内在品德和理性精神,提出通过道德修养的方式获得理性精神,进而实现人生的目的。孔子的“吾日三省吾身”“言必信,行必果”“耻其言而过其行”“不耻下问”“发愤忘食”“己欲立而立人,己欲达而达人”“推己及人”“修己以敬人,修己以安人,修己以安百姓”“勿以恶小而为之,勿以善小而不为”;孟子的“反身自诚”等,都体现了人们敢于自我解剖、严于律己,自觉加强道德修养,培养良好个人品质的宝贵精神,都体现了中华民族优秀文化的独到之处。

(四)坚持贵和持中

中国自古以来就崇尚和谐、坚持“中庸”。贵和持中思想是中国传统文化中的一个重要部分,也是人们处理各种社会关系的一个重要原则,在历史发展和现代化建设过程中都发挥着重要的作用。贵和持中思想与人们常常批评的折中主义思想有着根本的不同。贵和持中并不是折中,而是在事物动态发展过程中对不同程度和分寸的正确把握和选择,这有利于人们选择最佳的途径进而获得最佳的效果,防止走入极端。现代社会所提出的建设和谐社会、建设和谐世界等思想都反映和体现了贵和持中的思想精华。“和”是中国传统文化的精华所在,是中国人民共同追求的一种精神境界,在中国传统文化中占据着十分重要的地位。同时,“和”也是中国传统文化中处理各种社会关系的一个重要原则。所谓“和”,顾名思义,就是和谐,是事物存在的一种最佳状态,也就是倡导万事万物都讲平和、讲团结、讲和睦、讲和谐统一。孔子说:“君子和而不同,小人同而不和。”《中庸》中说:“喜怒哀乐之未发,谓之中;发而皆中节,谓之和。”荀子认为:“列星随旋,日月递炤,四时代御,阴阳大化,风雨博施,万物各得其和以生,各得其养以成,不见其事而见其功,夫是之谓神。”这些思想都强调了人与人、人与社会、人与自然之间保持和谐关系的重要性。

在中国传统文化中,“和”与“中”有着密切的不可分割的联系。《中庸》中提出:“中也者,天下之大本也;和也者,天下之达道也。致中和,天地位焉,万物育焉。”这一思想指出了“中”与“和”之间的密切关联，也就是说，“和”包含着“中”，“中”是“和”的基础。所谓“持中”，就是讲“中庸之道”。也就是说，凡事应避其两端而取其中，切忌走极端，防止“过犹不及”，进而使社会中的各种矛盾和谐统一起来。

（五）坚持有教无类、因材施教

所谓“有教无类”，是指人人都应该受到教育。这是儒家著名的教育思想，也是孔子一生的追求。孔子从“仁”的思想出发，认为一切可能施教的人都应该有机会受到教育，“自行束修以上，吾未尝无诲焉！”在收学生时，孔子没有提出任何的外在限制。只要学生能够达到拜师求学的基本礼数，他就会将其收为弟子，尽心教育，绝不会放弃任何一个求学者。在教育过程中，孔子对所有的学生都一视同仁，一律平等对待，绝不会因为个人的好恶而对学生有亲疏厚薄之分。也正因为如此，孔子弟子三千，才华出众者数不胜数。在对学生进行教育的过程中，孔子注意到了因人施教、因材施教的问题。坚持因人施教、因材施教，就是根据不同学生的特点和学习能力，采用不同的教育方式和教学方法，以达到教育效果的最大化。对学生进行教育就像给病人治病一样，应根据不同的病情进行相应的治疗，做到因人施教、循循善诱，而不能千篇一律。可见，只有做到量力而行、因材施教，才能收到良好的效果。

（六）坚持率先垂范、以身作则

中国传统文化中的“德治”思想，决定了率先垂范、以身作则的重要性。教育者通过实施教育，让受教育者接受一定的思想道德，最基本的方式就是身体力行，发挥示范表率作用。正如孔子所说：“其身正，不令而行；其身不正，虽令不从。”“举直错诸枉，则民服；举枉错诸直，则民不服。”也就是说，教育者只有行为端正，做到合理、公正，才会使人们信服，才能发挥示范作用，才能用道德的力量征服人心。

儒家思想中的“立己立人”“修己安人”“君仁君正”等思想阐述了率先垂范、以身作则的基本做法。“立己立人”，就是要求人们通过爱自己来爱他人，通过立自己来立他人，同时，自己不喜欢的东西，也不要强加给别人。“修己安人”，要求教育者以身作则，用自己的示范和榜样作用带动周围的人。“君仁君正”，也就是以身作则。孟子说：“人不足与适也，政不足与间也；唯大人为能格君心之非。君仁，莫不仁；君义，莫不义；君正，莫不正。一正君而国定矣。”坚持率先垂范、以身作则，对当代的道德教育和思想政治教育仍具有重要的价值和意义。对人们进行道德教育和思想政治教育,需要依靠真理的力量,同时也需要借助于教育者的人格魅力。这种人格魅力的获得,依赖于教育者自身高尚的品德和端正的行为。因此,教育者首先自己必须具有优秀的品德、高尚的境界、完美的人格、端正的行为,做道德教育和思想政治教育的忠实践行者和先进模范,以身作则、率先垂范,才能激励和引导广大群众共同进步。

三、将中国传统文化融入思想政治教育和社会主义文化建设中

将中国传统文化融入思想政治教育的过程之中,融入社会主义文化的建设过程当中,是推动思想政治教育的改进和创新、提高思想政治教育的文化含量、促进社会主义文化大发展大繁荣的重要途径。

(一)融入原则

充分发挥中国传统文化在思想政治教育和社会主义文化建设中的作用,需要坚持批判继承、古为今用、综合创新的融入原则。

1. 坚持批判继承

马克思主义告诉人们,一定社会的文化是由这个社会的经济和政治状况决定的,它在一定程度上是社会政治、经济在意识形态领域中的集中体现。因此,任何社会的文化都带有当时的政治、经济状况的影子,具有一定的时代性和局限性。马克思、恩格斯指出:“历史不外是各个世代的依次交替。每一代都利用以前各代遗留下来的材料、资金和生产力;由于这个缘故,每一代一方面在完全改变了的环境下继续从事所继承的活动;另一方面又通过完全改变了的活动来变更旧的环境。”中国传统文化历史悠久,是在长期的封建社会环境中形成和发展起来的,其中不可避免地带有封建思想的影子。可以说,中国传统文化既有精华,又有糟粕。对待中国传统文化,我们应根据实际需要,坚持在批判中继承的原则,即继承和发扬中国传统文化中的积极、合理的因素,摒弃中国传统文化中的消极、腐朽的因素。正如恩格斯曾经指出的:“问题绝不是要简单地抛弃这两千多年的全部思想内容,而是要对它们进行批判,要把那些在错误的、但对于那个时代和发展过程本身来说是不可避免的唯心主义的形式内获得的成果,从这种暂时的形式中剥取出来。”毛泽东同志也曾经指出:“中国的长期封建社会中,创造了灿烂的古代文化。清理古代文化的发展过程,剔除其封建性的糟粕,吸收其民主性的精华,是发展民族新文化提高民族自信心的必要条件。”中国共产党在十八大报告中也明确指出:“建设优秀传统文化传承体系,弘扬中华优秀传统文化。”因此,将中国传统文化融入思想政治教育和文化建设的过程之中,首先需要科学全面地认识中国传统文化,坚持用马克

思主义的立场、观点和方法，辨明传统文化中的精华和糟粕，取其精华，去其糟粕，从而更好地发挥中华传统优秀文化对思想政治教育和社会主义文化建设的重要作用。

2. 坚持古为今用

任何社会的发展都离不开历史，离不开传统文化的影响。任何文化都具有一定的继承性和延续性，新时代的文化都是建立在传统文化的基础上的。正如毛泽东同志曾经指出的："今天的中国是历史的中国的一个发展；我们是马克思主义的历史主义者，我们不应当割断历史。"同时，"传统文化所蕴含的、代代相传的思维方式、价值观念、行为准则，一方面具有浓厚的历史性、遗传性，另一方面又具有鲜活的现实性、变异性，它无时无刻不在影响、制约着今天的中国人，为我们开创新文化提供历史的根据和现实的基础。"

因此，建设中国特色社会主义文化，应该以中国传统文化为基点，坚持古为今用。坚持古为今用，就是批判地继承和借鉴中国传统文化中的合理成分，剔除封建性的糟粕，吸收精华，进而促进中国传统文化与时代发展特征相结合，促进传统文化的再创造。坚持古为今用，就是坚持从当代中国的社会实际出发，将中国传统文化与社会主义现代化建设相结合，与中国特色社会主义相结合，与社会主义核心价值体系和社会主义核心价值观相结合，深入挖掘传统文化中与中国特色社会主义事业相适应的思想认识、价值观念和道德规范，并将这些优秀的传统文化融入中国特色社会主义建设的整个过程中，融入思想政治教育和社会主义文化建设的整个过程中。

3. 坚持综合创新

创新是一个民族发展和进步的灵魂。没有创新，就失去了发展的动力。中国特色社会主义文化应继承中国传统文化的优秀成果，但绝不能仅限于此，还应该在新的时代条件下推动文化的创新，以增强社会主义文化的发展活力。因此，对待中国传统文化，我们应坚持综合创新的原则，坚持在综合中继承，在继承中发展，在发展中创新，用时代精神对其进行创造性的价值转化。

参考文献

[1] 马克思,恩格斯. 马克思恩格斯选集(第一至四卷)[M]. 人民出版社,1995.

[2] 列宁. 列宁选集(第一至四卷)[M]. 人民出版社,1995.

[3] 毛泽东. 毛泽东选集(第一至四卷)[M]. 人民出版社,1991.

[4] 邓小平. 邓小平文选(第一至三卷)[M]. 人民出版社,1993.

[5] 江泽民. 江泽民文选(第一至三卷)[M]. 人民出版社,2006.

[6] 中共中央文献研究室. 十七大以来重要文献选编(上册)[M]. 中央文献出版社,2009.

[7] 王玉樑. 当代中国价值哲学[M]. 人民出版社,2004.

[8] 李连科. 价值哲学引论[M]. 商务印书馆 1999.

[9] 韩震. 社会主义核心价值体系研究[M]. 人民出版社,2007.

[10] 潘维,玛雅,黄凯锋. 聚焦当代中国价值观[M]. 生活·读书·新知三联书店,2008.

[11] 宋惠昌. 社会主义核心价值观专题解读[M]. 中共中央党校出版社,2010.

[12] 田海舰,部卫. 社会主义核心价值观论纲[M]. 人民出版社,2010.

[13] 陈新汉,邱仁福. 坚持核心价值体系的人民主体性[M]. 东方出版中心,2011.

[14] 郁建兴,朱旭红. 社会主义价值学导论[M]. 浙江人民出版社,1997.

[15] 吴向东. 重构现代性——当代社会主义价值观研究[M]. 北京师范大学出版社,2006.

[16] 热罗姆·邦德. 价值的未来 21 世纪研讨[M]. 社会科学文献出版社,2006.

[17] 袁贵仁. 价值观的理论与实践:价值观若干问题的思考[M]. 北京师范大学出版社,2006.

[18] 石刚,李丽娜. 核心价值面面观[M]. 社会科学文献出版社,2009.